ARNOLD BÖCKLIN

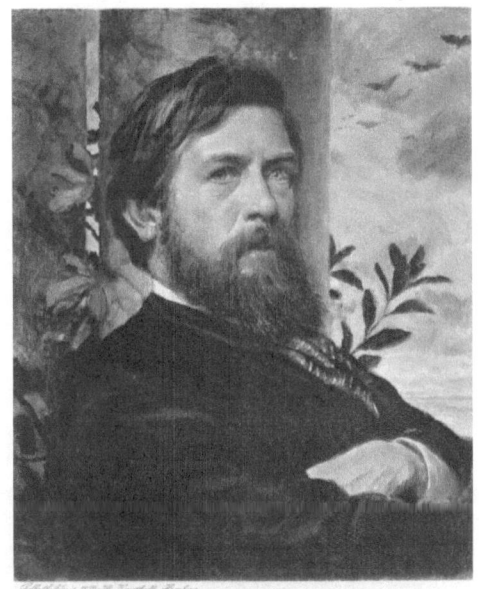

SELBSTBILDNIS 1875/76

**97 TAFELN IN FARBEN-
DRUCK, KUPFERDRUCK
UND MATTAUTOTYPIE**

VON HEINRICH ALFRED SCHMID

INHALT

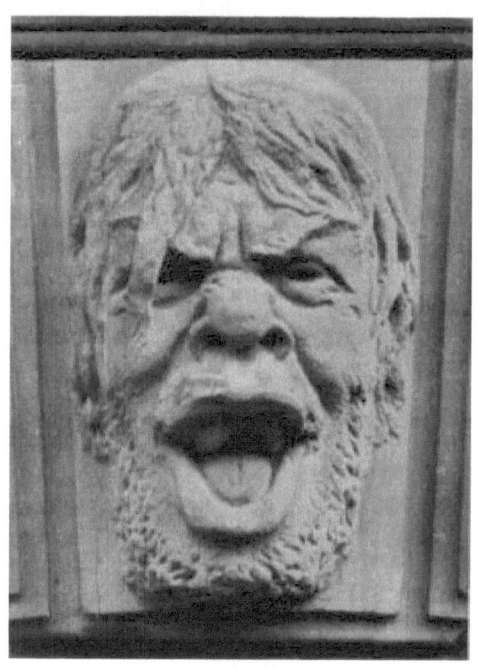

SANDSTEINMASKE AN DER BASLER KUNSTHALLE

"	9: Die Götter Griechenlands.	1859
"	10: Pan erschreckt einen Hirten.	1860
"	11: Der Mord im Schloßgarten.	1859
"	12: Venus und Amor.	1860
"	13: Hirtin bei ihrer Herde.	1860
"	14: Jagd der Diana.	1862
"	15: Villa am Meer. 1. Fassung.	1864
"	16: Villa am Meer. 2. Fassung.	1864/65
"	17: Anachoret. 2. Fassung.	Um 1863
"	18: Altrömische Weinschenke.	1865
"	19: Frühlingslandschaft mit Kindern, welche Maipfeifen schnitzen.	1865
"	20: Signorina Clara.	1863
"	21: Die Klage des Hirten.	1866
"	22: Magdalenas Trauer an der Leiche Christi.	1867
"	23: König David.	1868
"	24: Der Gang nach Emmaus.	1868
"	25: Rast auf der Flucht nach Ägypten.	1868
"	26: Liebesfrühling.	1868
"	27: Frühlingsreigen (Wiesenquelle).	1869
"	28: Magna Mater.	Ende 1868
"	29: Flora.	1869
"	30: Die Geburt der Venus (Venus Anadyomene. 1. Fassung).	1869
"	31: Ideale Frühlingslandschaft.	1870
"	32: Die Felsenschlucht.	1870
"	33: Der Ritt des Todes.	1871
"	34: Bergschloß.	1871
"	35: Überfall von Seeräubern.	1872
"	36: Altrömische Maifeier.	1872

"	37: Selbstbildnis.	1872
"	38: Venus Anadyomene. 2. Fassung.	1873
"	39: Kentaurenkampf. Erste als Bild ganz vollendete Fassung.	1873
"	40: Kentaurenkampf. 2. Fassung.	1878
"	41: Pietà.	1873
"	42: Landschaft mit maurischen Reitern.	1873
"	43: Die Muse des Anakreon.	1873
"	44: Quellnymphe.	1874
"	45: Triton und Nereide. 1. Fassung.	1873 bis 1874
"	46: Triton und Nereide. 3. Fassung.	1875
"	47: Ceres und Bacchus.	1874
"	48: Flora, Blumen streuend.	1875
"	49: Klio.	1875
"	50: Hochzeitsreise.	Um 1876
"	51: Kreuzabnahme.	1876
"	52: Flora, die Blumen weckend.	1876
"	53: Die Gefilde der Seligen.	1878
"	54: Rückblick auf Italien (Hochzeitsreise. Letzte Fassung).	1878
"	55: Meeresbrandung.	1879
"	56: Frühlingsabend.	1879
"	57: Tritonenfamilie.	1880
"	58: Die Insel der Toten. 2. Fassung.	1880
"	59: Die Insel der Toten. 3. Fassung.	1883
"	60: Flötende Nymphe.	1881
"	61: Sommertag.	1881
"	62: Der Abenteurer.	1882
"	63: Frühlings Erwachen.	1880
"	64: Quell in einer Felsschlucht.	1881
"	65: Heiliger Hain.	1882

"	66: Gotenzug.	1881
"	67: Malerei und Dichtung.	1882
"	68: Ruine am Meer.	1883
"	69: Prometheus.	1882
"	70: Im Spiel der Wellen.	1883
"	71: Frühlingstag (Die drei Lebensalter).	1883
"	72: Odysseus und Kalypso.	1883
"	73: Heiligtum des Herakles. 2. Fassung.	1884
"	74: Faune, eine schlafende Nymphe belauschend.	1884
"	75: Der Eremit.	1884
"	76: Das Schweigen des Waldes.	1885
"	77: Selbstbildnis.	1885
"	78: Burgruine mit zwei kreisenden Adlern.	Um 1886
"	79: Herbstgedanken.	1886
"	80: Spiel der Najaden.	1886
"	81: Meeresidylle.	1887
"	82: Meeresstille.	1887
"	83: Die Heimkehr.	1888
"	84: Sieh, es lacht die Au.	1887
"	85: Frühlingshymne.	1888
"	86: Kentaur in der Dorfschmiede.	1888
"	87: Kampf auf der Brücke (Römerschlacht).	1889
"	88: Vita somnium breve.	1888
"	89: Der Gang zum Bacchustempel.	1890
"	90: In der Gartenlaube.	1891
"	91: Mariensage.	1890
"	92: Der heilige Antonius predigt den Fischen.	1892
"	93: Francesca da Rimini. 1. Fassung.	1893

"   94: Venus Genitrix.

       Bezeichnet 1895, im wesentlichen vollendet Frühjahr 1892

"   95: Der Krieg. 2. Fassung.   1896

"   96: Pan mit tanzenden Kindern.   1898/1900

Liste: Tafeln der 1. und 2. Auflage

Tafeln aus der 1. Auflage, hauptsächlich in Kupferdruck ("sepia")

1.   2.

(text) — Odysseus am Strand des Meeres.

 Titelbild   Selbstbildnis

8   (10) Pan erschreckt einen Hirten.

17   — Faun einer Amsel zupfeifend.

26   (26) Liebesfrühling.

34   (35) Überfall von Seeräubern.

37   (38) Venus Anadyomene.

38   (39) Kentaurenkampf 1873. (Farbendruck)

39   (40) Kentaurenkampf 1878.

50   (51) Kreuzabnahme.

55   (56) Frühlingsabend.

60   (61) Sommertag.

61   (62) Der Abenteurer. (Farbendruck)

67   (68) Ruine am Meer.

70   (71) Frühlingstag (Die drei Lebensalter).

73   (74) Faune, eine schlafende Nymphe belauschend.

BIOGRAPHIE

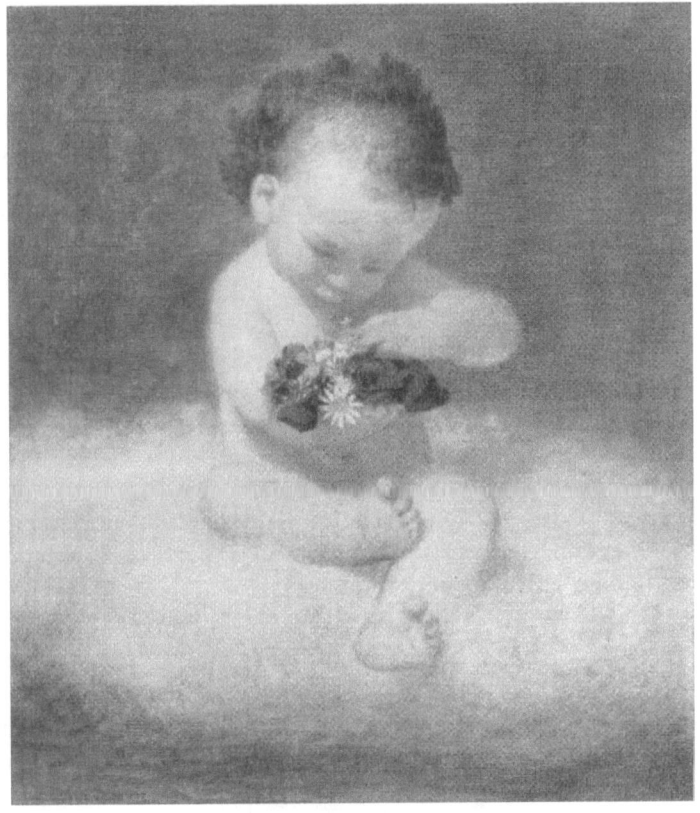

PUTTO 1859

Arnold Böcklin gehört zu jenen Malern, die in den zwanziger und dreißiger Jahren des 19. Jahrhunderts geboren, in den fünfziger und sechziger Jahren mit den Traditionen der Corneliusschule gebrochen und in Deutschland eine neue Kunst heraufgeführt haben, eine Blütezeit der Malerei, wie sie seit den Tagen Dürers und Holbeins

nicht mehr gewesen war. Er ist ein Altersgenosse von Anselm Feuer-
bach, Viktor Müller (auch von Piloty, Knaus und Vautier) und ging
Lenbach, Hans von Marées, Hans Thoma, Toni Stadler, Karl Haider,
Gabriel Max und Makart um ein Jahrzehnt oder wenig mehr voraus.
Als er sich der Malerei zuwandte, hat Cornelius den Karton der apoka-
lyptischen Reiter geschaffen, begann Rethel die Fresken im Aachener
Rathause und die Holzschnitte des Totentanzes und es folgten die duf-
tigsten Werke von Schwind, wie das Aschenbrödel und die
Wartburgfresken, und die reifsten Holzschnittfolgen von Ludwig
Richter bald nach.

Die führenden Geister aber der in dieser Zeit heranwachsenden
Generation haben im Kolorit ihr kräftigstes Ausdrucksmittel gefunden.
Sie begannen die Koloristen unter den Meistern der früheren Jahrhun-
derte zu studieren. Es richtete sich das neue 8 Interesse hauptsächlich
auf die Farbenkomposition, die Kunstmittel, mit denen die kolor-
istische Gesamthaltung in früheren Zeiten erzielt worden war, aber
auch auf die Malmittel, die technischen Verfahren, die handwerkliche
Praxis, welche die vorausgehende Zeit vernachlässigt hatte. Böcklin
meinte gelegentlich: Wer heute in der Kunst noch etwas erreichen
wolle, müsse die Malerei von neuem erfinden. Die heranwachsende
Generation wandte sich nach Belgien und nach Paris, hauptsächlich zu
Couture, sie lernte von Delacroix und den Meistern von Barbizon. Die
Mehrzahl aber, wenigstens gerade die Bedeutendsten und Einflußreichsten, haben schließlich nicht in Frankreich, sondern in Italien
im Umgang mit den Werken der alten Kunst die entscheidende Richtung für ihr ganzes Leben gefunden und diese im Umgang mit
Kollegen und Schülern weitergebildet.

Böcklin ist einer der ältesten, selbständigsten und eigenartig-
sten unter diesen Künstlern. Er ist noch mehr als alle übrigen seine
eigenen Wege gegangen, am meisten verschrieen und verhöhnt worden, war während der größten Zeit seines Wirkens wie Feuerbach,
Thoma, Hans von Marées, nur von wenigen erkannt, abseits gestanden
und hat schließlich die größte Fülle von Beifall geerntet.

Er gehört zur deutschen Kunst, so gut wie die anderen, obwohl
er in Basel geboren und aufgewachsen ist und auch von schweizerischen Eltern stammt, obwohl auch für seine Kunst ein Aufenthalt in
Paris von einiger Bedeutung, und der erste siebenjährige in Italien ent-
scheidend war. Der einzige Lehrer und der einzige Studiengenosse, der

auf seine Richtung von tieferem Einfluß war, waren Deutsche ihrer Kunst und Herkunft nach, ebenso die Mehrzahl der Freunde und Kollegen, die er in den entscheidenden Jahren um sich sah. Er ist, was gewöhnlich übersehen wird, aus der heroischen Landschaftsmalerei herausgewachsen, die seit Asmus Carstens und Jos. Anton Koch in Deutschland gepflegt wurde und immer Verständnis gefunden hat. Er ist der Sohn und Erbe dieser ganzen Richtung. Er hat auch fast nur in deutschen Landen zuerst Verständnis und später allgemeinen Beifall gefunden, und die Erfolge, die er in Deutschland errungen hat, haben sein Ansehen in seiner Vaterstadt erst recht befestigt. Von französischer Seite sind einzelne Stimmen schon früh laut geworden, die Böcklins Bedeutung anerkannten, aber sie blieben ganz vereinzelt. In England ist der Meister so gut wie unbekannt. Noch heute befindet sich das Werk des Künstlers mit ganz wenigen Ausnahmen in deutschem, deutsch-schweizerischem und österreichischem Besitz. Bezeichnend ist auch, daß die Polemik, die sich vor dem Kriege in Deutschland gegen Böcklin erhob und ihm jedes wahre Künstlertum absprach, aus den Kreisen derer stammt, die für die unbedingte Überlegenheit der Franzosen in der bildenden Kunst eintraten.

Dies alles war nur zum kleineren Teile Zufall. Seine Art ist im letzten Grunde deutsch. Immer stärker treten in seinem Stil gewisse Neigungen hervor, die für die Kunst der Festlandgermanen von jeher bezeichnend gewesen sind, und sie von der der latinisierten Völker unterscheiden. Er steht diesseits der Kulturgrenze, die vom Jura bis zur Nordsee reicht. Sein Ideal ist im letzten Grunde nicht die regelnde Ordnung und das Ebenmaß, sondern das sprühende Leben, die Wucht des Ausdrucks und die Macht der Stimmung.

DIE VATERSTADT UND DIE ELTERN

Die Vaterstadt Basel ist noch in der zweiten Hälfte des 19. Jahrhunderts einem Bewunderer Böcklins, der hingewallfahrtet war, um die Heimat des Propheten kennen zu lernen, unsäglich eng und muffig erschienen und von ihm danach verlästert worden. Da mögen unangenehme Reiseerlebnisse das Urteil getrübt haben, aber früher, in Böcklins Jugend, hätte ein flüchtiger Besucher wirklich nicht ahnen können, daß ein enthusiastischer Künstler in den Mauern heranwuchs, der die Faune und Nymphen, Tritonen und Nereiden und die schaumgeborene Aphrodite aus dem Orkus heraufholen werde.

Die Stadt war freilich zur Zeit des Humanismus und der Reformation der Mittelpunkt geistigen Lebens für ganz Südwestdeutschland gewesen. Sie hatte gleichzeitig auch ein blühendes Kunstleben gehabt. Dürer hatte auf der Wanderschaft hier Arbeit gefunden und zwanzig Jahre später Holbein eine zweite Heimat und große und lohnende Aufträge. Die Buchdrucker datierten damals ihre Drucke aus der „weitberühmten Stadt Basel" und in den kleinen Randleisten, mit denen Holbein die Titel schmückte, spielten sogar schon damals die Tritonen und Nereiden eine Rolle. Es galt die Stadt auch als eine der fröhlichsten am Rhein, der Frau Venus besonders hold. Aber mit der Reformation war ein puritanischer Geist eingezogen, der sich bis ins 19. Jahrhundert erhalten hat, und ein großer Teil der angesehensten alten Familien geht sogar, wie schon die Namen andeuten, auf Flüchtlinge zurück, die ihres Glaubens wegen aus Italien, Frankreich und auch aus Deutschland eingewandert waren. Diese haben nun allerdings fremde Industrien hierher verpflanzt und damit den Reichtum gefördert und es wurde dem alemannischen Stamme der Bevölkerung durch sie auch ein fremdes und gutes Reis aufgepfropft. Aber seit dem 17. Jahrhundert war der Zustrom von außen nur ein sehr schwacher und das Gemeinwesen hat sich nicht mehr vergrößert. Die Bevölkerung erhielt dadurch ein scharf ausgesprochenes Gesicht, wie es in heutigen Städten gar nicht mehr möglich ist und dies Gesicht sah etwas anders aus als im Anfange des 16. Jahrhunderts.

Die Stadt war sprichwörtlich für ihren Erwerbssinn und ihren Reichtum, aber auch für die altväterischen Gepflogenheiten, den Familiensinn, die Frömmigkeit, den Gemeinsinn und ihre Wohltätigkeit. Kaufmännische Tugenden gaben neben der pietistisch gefärbten Religiosität der Physiognomie der Bewohner ihre charakteristischen Züge.

Allein es fehlte durchaus nicht an geistigem Leben, nur kam der Wohlstand mehr der Wissenschaft als der Kunst, und unter den Künsten am meisten der Musik und der Baukunst zugute. Durch alle Zeiten des Stillstandes und des Niederganges hatte sich die Universität erhalten und so haben neben Böcklin in den sechziger Jahren des 19. Jahrhunderts auch ein Jakob Burckhardt und ein Nietzsche gewirkt. Aber auch die Gemälde und Zeichnungen Holbeins, die sich aus den Tagen des Glanzes im Besitze der Stadt erhalten haben, waren immer geschätzt, wenn auch vielleicht nicht häufig besichtigt worden und übten ihre stille Wirkung aus. In der zweiten Hälfte des 18. Jahrhun-

11

derts begann ferner das Interesse für das Münster und die übrigen mittelalterlichen Kirchen der Stadt zu erwachen. Namentlich aber ist schon seit dem Beginn des 18. Jahrhunderts eine aufsteigende Entwicklung auf dem Gebiete 10 der Architektur zu beobachten. Diese brachte später, in der Rokokozeit, die große Zahl von schönen, zum Teil sogar prunkvollen Patrizierhäusern hervor, die dem Innern der Stadt noch heute ihr Gepräge verleihen. Nebenher kam auch das Sammeln von Bildern auf. Der Malerberuf war zu Beginn des 19. Jahrhunderts in dieser Stadt der Kaufherren und der frommen Sitte an sich durchaus nicht gerade verachtet, wenn man auch dem Erbauer komfortabler Familienhäuser jedenfalls mehr Verständnis und sicher weit größere persönliche Achtung entgegengebracht haben wird, als den Jüngern der leichter geschürzten Muse der Malerei. Was den fürsichtigen und bedächtigen Baslern damals wirklich zu einem Kunstleben fehlte, war vielleicht nur der Sinn für naiven Lebensgenuß und schönen Schein und jener Leichtsinn, der zu großen Taten schließlich nun einmal nötig ist. Wenigstens vermißt man in vielen Äußerungen der damaligen und noch einer späteren Zeit das Gefühl für das Heroische im Verhalten eines Mannes, der ohne finanzielle Sicherheiten, nur im Bewußtsein eigener Kraft, eine Bahn betrat, die den Winden und Wogen ein so sicheres Ziel bot wie der Künstlerberuf, und der auch noch auf dieser an sich schon gefährlichen Bahn, lediglich der eigenen Vernunft gehorchend, alles Hergebrachte und Anerkannte in den Wind schlug.

Die Maler, die in Böcklins Jugend in Basel den Stand vertraten, waren nicht dazu angetan, diese Anschauungen zu ändern. Sie waren keine Gesetzgeber sondern Diener des Zeitgeschmackes. Fast alle sind sie zwar von der deutschen Bewegung, die von Carstens, Koch und den Nazarenern ausging, berührt worden. In Basel aber kamen sie dem Bedürfnis nach Alpenlandschaften und Veduten nach und unterrichteten die Jugend in einer Zeichenschule, die im 18. Jahrhundert gegründet worden war. Einer von ihnen, der genial veranlagte Hieronymus Heß, ist in der Enge der Heimat, verbittert und versauert, als Mensch und Künstler zugrunde gegangen, ein anderer, Miville, einer der Lehrer Böcklins an der Zeichenschule, hat auf vielen Reisen in zahlreichen Skizzenbüchern dieselben Gegenden und ähnliche Motive wie später sein Schüler verewigt, wenn auch ohne alle tiefere Originalität und ohne den feineren Natursinn des größeren Nachfahren.

Nicht der Glanz, mit dem Böcklin etwa als Knabe den Maler umgeben sah, hat ihn auf seine Bahn gelockt, sondern innere Notwendigkeit und das Gefühl, daß das, was er in sich trug, etwas Stärkeres und Besseres sei als die Triebkräfte, die seine künstlerische Umgebung beherrschten.

Böcklin ist der Sohn eines Kaufmanns, dessen Großeltern aus Beggingen im Kanton Schaffhausen eingewandert waren. Der Urgroßvater des Malers war offenbar ein verarmter Landwirt, der in einer Basler Fabrik sein Brot suchte und fand, auch der Großvater war Fabrikarbeiter; mit dem Vater aber begann der Aufstieg. Er war ein erfinderischer Kopf, hatte sich schon in ganz jungen Jahren durch die Verbesserung eines roten Farbstoffes die Wertschätzung seines Brotherrn erworben, dann mit zweiundzwanzig Jahren eine Tochter aus gebildeter und auch etwas wohlhabender Familie geheiratet und sich später selbständig gemacht. Das Vermögen der Frau ging freilich in seinem eigenen Unternehmen zugrunde. Er mußte dann wieder die technische Leitung einer fremden Fabrik übernehmen, und gerade in den Jahren, als die Söhne heranwuchsen, hatten sich die Eltern sehr einzuschränken. Die Mutter gehörte einer alten Basler Familie an, die schon seit Jahrhunderten von städtischer Kultur verfeinert worden sein mag. Ihre Mutter war eine Werenfels und Mitglieder dieser Familie haben sich verschiedentlich ausgezeichnet. Ein Werenfels, wenn auch nicht ein Vorfahr Böcklins, ist der Schöpfer der glanzvollen Rokokobauten aus den fünfziger Jahren des 18. Jahrhunderts. Die erhaltenen Bilder von Böcklins Mutter zeigen eine Physiognomie von merkwürdig großem Schnitt; sie war eine feine, gebildete, begabte, wohl direkt bedeutende Frau, die Vertraute ihrer Kinder. Böcklins Jugend ist keine unglückliche gewesen; er erinnerte sich später gerne manch drolliger Geschichte aus seinen Knabenjahren. Er hat auch am städtischen Gymnasium eine tüchtige Schulbildung erhalten und wenigstens den Julius Cäsar noch im Originaltext gelesen. Einen wirklich bedeutenden Menschen lernte er hier in dem Germanisten und Dichter Wilhelm Wackernagel kennen, der neben seiner Tätigkeit an der Universität auch am Gymnasium Unterricht erteilen mußte, doch hatte derselbe die Schüler nicht etwa in die Literaturgeschichte einzuführen, der Unterricht ging lediglich darauf aus, ihnen ein möglichst gutes Deutsch beizubringen. Böcklin hat auch mit seinen Brüdern die Zeichenschule besuchen dürfen; nur davon wollte der Vater nichts wissen, daß er Maler werden sollte. Es gebe schon hungernde Maler genug. Ein Calame werde er doch noch lange nicht. Der Widerstand des Vaters war angesichts der eigenen Geldsorgen und angesichts der Künstlerschicksale, die er vor sich sah, begreiflich. Aber auch der Sohn hatte etwas von dem Wagemut der alten Eidgenossen und noch etwas mehr als einst der Vater; er glich ihm überhaupt sehr und vielleicht am meisten da, wo er ihm unbequem wurde, und der Entschluß, Maler zu werden, stand bei ihm fest. Die Mutter trat in ihrer ruhigen und stillen Weise auf des Sohnes Seite und fand eine Unterstützung bei seinem Lehrer Wackernagel. Sie durfte sich später wenigstens noch über die ersten äußeren Erfolge des Sohnes, die Berufung nach Weimar, freuen. Der Vater aber ist erst in dem Jahre gestorben, als Böcklin seine Toteninsel schuf; er hat also die glänzendste Schöpfertätigkeit des Sohnes noch miterlebt, indessen er gerade allem Anschein nach ohne zu ahnen, daß er einen der bedeutendsten und einflußreichsten Geister des damaligen Europa zum Sohne hatte; wenigstens äußerte er sich an seinem Lebensabend noch zu einem jungen Maler, der sich dem Meister angeschlossen hatte, es sei das Verhängnis seines Sohnes, daß er keinen Rat annehmen wolle.

An Anregungen hat es dem Maler in seiner Jugend nicht gefehlt. Die Familie wohnte, als er heranwuchs, in einem höchst malerisch gelegenen säkularisierten Kloster St. Alban, dicht an den grünen Fluten des Rheins. Kirche und Friedhof des Klosters werden heute noch gerne gemalt. Bei Basel umgeben die weite Ebene des Rheintals drei Gebirge, alle drei reich an Naturschönheiten. Offenbar hat der Jura am stärksten auf Böcklin gewirkt. Die langgezogenen Höhenrücken, die steil aufragenden Felswände, die malerischen Schluchten, die wundervollen Buchen- und Tannenwälder und die Burgruinen, die von Berg zu Berg hinübergrüßen und an eine kriegerische Vergangenheit erinnern, all das war dazu angetan, die Phantasie des Knaben mächtig anzuregen. Das Schlichte wirkt oft nachhaltiger als das Glanzvolle. Gewisse Grundzüge dieser Landschaft scheinen denn auch in berühmten Schöpfungen der Spätzeit, die im glänzenden Talare südlicher Vegetation auftreten, wiederzukehren.

Die Gemälde Holbeins, die den stolzen Kunstbesitz der Stadt bildeten, hingen damals noch in einem Raume der Bibliothek, der nicht genügend Licht hatte, wie Briefmarken in einem Album dicht beisammen „bis unter die Decke"; „aber ich hatte gute Augen", meinte der Meister. Freilich befinden sich unter diesen Meisterwerken nur wenige, die auf Unvorbereitete tiefen Eindruck zu machen pflegen und auch das Wenige war—wie man glauben sollte—nicht dazu angetan,

14

einen geborenen Landschafter anzuregen. Was die Arbeiten auszeich-
nete, war die Klarheit der Form und die Feinheit und Schärfe der
Beobachtung, und dennoch, sie haben ihm „sehr gefallen", haben ihn
„sehr interessiert", obwohl, wie er selber hervorhob, Holbeins Richtung eine andere als die seine gewesen ist.

Von starkem, wenn auch heute im einzelnen gar nicht mehr ab-
zuschätzendem Einfluß auf das Denken und Fühlen des
heranwachsenden Künstlers war endlich zweifellos die literarische
Bewegung der Zeit (schon sein Zeichenlehrer klagte, Böcklin lese zu
viel), waren auch die mächtigen Wogen der patriotischen Begeisterung, die in den vierziger Jahren durch die Schweiz gegangen sind.
Die Zeit, in der Böcklin es durchsetzte, Maler werden zu dürfen, fällt
zusammen mit der, da Gottfried Keller erkannte, daß er zum Dichter
berufen war.

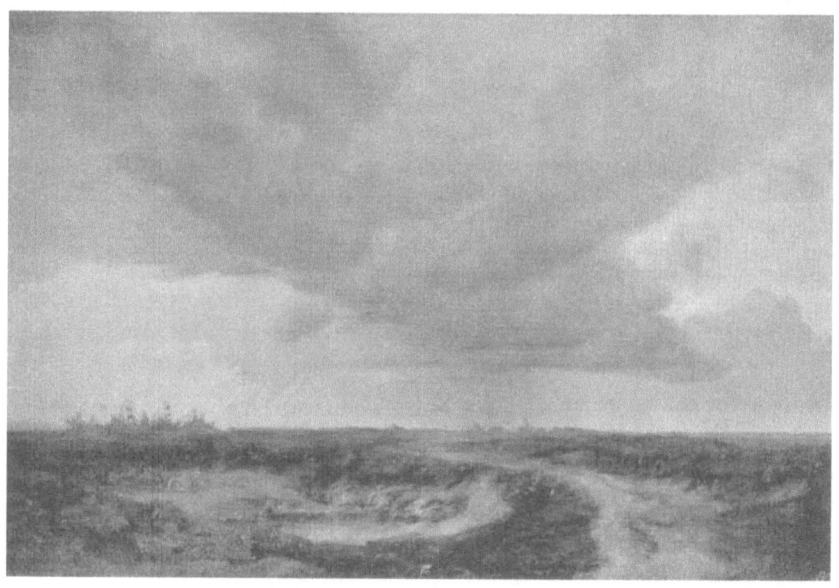

LANDSCHAFT MIT GEWITTERWOLKEN   1846

DIE ANFÄNGE SEINER KUNST

Der Beginn der Malerlaufbahn fällt in das Jahr 1845. Im Frühjahr verließ Böcklin die Schule, im Sommer machte er noch Studien, wie es scheint, sowohl in den Alpen wie im Jura; im Oktober trat er in die Düsseldorfer Akademie ein. Vom November sind die ersten Aktzeichnungen datiert.

Er war damals ein schlank gewachsener Mensch mit langem Haar, das fast bis auf die Schultern herabfiel, und mit stechenden blaugrauen Augen. Er verfügte über einen ungewöhnlich kräftigen Körper, der durch systematische Übung gestählt, geschmeidig gemacht und geschmeidig erhalten wurde. Das war die Grundlage für seine Lebenslust und seinen Humor, seine Ausdauer und die bewundernswürdige Elastizität, mit der er nach den schwersten Katastrophen immer wieder emporschnellte. Die Götter hatten ihm aber mit der Kraft auch die Feinfühligkeit und Verwundbarkeit der Seele verliehen, ohne die ein genialer Künstler nicht denkbar ist. Er konnte in lauten Jubel ausbrechen, wenn er an einem schönen Morgen in die Campagna fuhr, aber er empfand auch tiefer als andere die Schläge des Schicksals, und es ist ihm ein vollgerüttelt Maß davon zuteil geworden. Der außergewöhnlichen Empfänglichkeit und Reizbarkeit entsprach ein erstaunliches Gedächtnis: was entzückt oder verwundet, wird von dem Menschen festgehalten. Sein Gedächtnis kannte wie seine Aufnahmefähigkeit keine Grenzen. Er hatte bei aller Zielsicherheit des Wollens die Vielseitigkeit der Anlagen und Interessen, die an Richard Wagner und selbst an Goethe erinnern und sagte selbst, daß in seinem Kopfe vieles Platz habe.

Er war zunächst für alle bildenden Künste veranlagt und weit davon entfernt, etwa nur ein Kolorist zu sein. Die früheste Leistung, mit der er in die Öffentlichkeit getreten ist, war nach A. Frey der Entwurf eines Stadttores für die Eisenbahn von Straßburg nach Basel. Architektonisches Verständnis verraten auch seine Gemälde. Als Maler ist er von der Landschaft ausgegangen; er hat aber vereinzelte Bildnisse und Skulpturen geschaffen, die zu den populärsten des Jahrhunderts gehören und schließlich in figurenreichen Wand- und Staffeleibildern sein Höchstes geleistet. Er hat auch Gemmen geschnitten und Möbel entworfen.

16

Böcklin hat im Laufe der Jahre, ähnlich wie einst Rubens für seine Zwecke, die gesamte Kunst der Vergangenheit, soweit sie ihm erreichbar war, studiert. Seine größte Bewunderung galt der Architektur, Plastik und Malerei der Antike. Die romanische Kunst und die Gotik liebte er nicht, aber es finden sich in einem Baseler Skizzenbuch zwei Statuen des Freiburger Münsters und er rühmte dem Verfasser dieser Zeilen die alten Glasgemälde von Sta. Croce in Florenz. Seine besondere Liebe war lange Zeit das italienische Quattrocento bis auf den jungen Lionardo; noch weit mehr, und je länger je mehr, schätzte er aber die Niederländer seit van Eyck und die alten Deutschen, namentlich Matthias Grünewald. Es finden sich in seinem Werke ferner Reminiszenzen an Raffael, Tizian und Rubens. Michelangelo war ihm unsympathisch, aber als das Gespräch gelegentlich auf diesen kam, konnte er unvorbereitet aus dem Gedächtnis eine charakteristische Figur dieses Meisters, für alle kenntlich, auf dem Marmortisch entwerfen. Aus Tizians „Himmlischer und irdischer Liebe" ist die nackte Figur eines kleinen Bildchens herübergenommen. An die Amazonenschlacht von Rubens in München lehnt sich die erste seiner Römerschlachten (Taf. 87) an. Es finden sich aber in seinem Werke auch die unverkennbaren Zeugnisse, daß er sich selbst einen Michelangelo da Caravaggio und einen Guido Reni genau angesehen hat. Von diesem hat er die Gestalt der Venus in Dresden bei seiner eigenen Venus (Taf. 12) verwertet. Ganz anders freilich war sein Verhältnis zu den Landschaftern des 17. Jahrhunderts, die, wie er aus dem Norden kommend, in Italien ihre zweite Heimat gefunden haben, so vor allem zu Gaspard Dughet und Poussin. Manche seiner Schöpfungen aus der ersten römischen Zeit sehen aus, als ob diese beiden neben Tizian seine eigentlichen Lehrmeister gewesen seien. Vor allem aber war Rubens neben Grünewald für ihn der Maler aller Maler.

Ablehnend verhielt er sich, in späteren Jahren wenigstens, gegen Lionardo, Velazquez und Rembrandt, namentlich gegen Rembrandt.

Schon in Düsseldorf fiel er durch seine gründliche literarische Bildung auf. Damals las er unter anderem Moliere und Voltaire. Seine Lieblingsdichter waren aber Griechen, Italiener und Deutsche: Homer, Dante, Ariost, Goethe und Gottfried Keller. Auf den Klippen von Ischia pflegte Böcklin Homer und Ariost zu lesen. Die Sänger der väterlichen Familie aber sind Schiller und Peter Hebel, ein Zeitgenosse der großen Klassiker, der in der Mundart des nahen Wiesentales gedichtet hat, gewesen.

Er las indessen nicht nur schöne Literatur. Er las auch sonst viel, es haben ihn namentlich kulturhistorische Werke, Bücher über Reisen, Ausgrabungen und Erfindungen interessiert. Er war nicht nur Poet, sondern auch Denker und Grübler, und seine Leidenschaft galt nicht nur den künstlerischen, sondern auch den technischen Problemen und der Technik nicht allein in seiner Kunst. Durch das ganze Leben geht neben dem Bestreben, die Technik der Griechen und die Öltechnik der Brüder van Eyck wieder zu entdecken, das andere, ein Flugzeug zu erfinden. Eine Nachricht, die seine Hoffnungen auf diesem Gebiete begrub, scheint der unmittelbare Anlaß für den ersten Schlaganfall gewesen zu sein. Er scheint als Konstruktionstechniker Dilettant geblieben zu sein und geradezu pathologisch konnte sein Mangel an Geldsinn anmuten.

Er war aber nicht nur ein reichbegabter und kräftiger, sondern auch ein großer und guter Mensch, der unverdorbene Sohn einer anständigen Familie und einer sittlich wie geistig hochstehenden Mutter. Für die Schönheit des Weibes war er sehr empfänglich, huldigte aber, wie es scheint, in keiner Zeit seines Lebens dem bei Künstlern so häufigen Libertinismus. Dem Weine war er sehr ergeben, er trank viel, aber er vertrug noch mehr.

Böcklin war auch eine grundehrliche Natur. Zwar scheute er sich nie, einem zudringlichen Frager einen Bären aufzubinden, doch haßte er die schlimmeren Arten der Lüge, die halben Wahrheiten, die Phrasen; er hat sich nicht selber belogen, sich nicht künstlich in eine Stimmung hinaufgesteigert. Er war ehrlich vor allem in seinem Beruf.

Das Kunstwerk aber war für ihn nicht bloß ein „Stück Natur im Affekt gesehen". Als der Verfasser dieser Zeilen ihm eine Anzahl Lichtdrucke nach Zeichnungen von Matthias Grünewald vorlegte, geriet er bei den Entwürfen in Aufregung, während ihn die Studien ganz kalt ließen, obwohl sich doch schon bei diesen die Subjektivität des Meisters deutlich genug geäußert hatte. Mit der ganzen vorausgegangenen Generation und auch mit den Altersgenossen war er darin einig, etwas erzählen und nicht nur durch Auswahl, Auffassung und Stilisierung etwas Eigenes geben zu wollen. Er war außerdem persönlich schon zu vielseitig veranlagt und zu vielseitig gebildet, als daß nicht Musik und Poesie in irgendeiner Weise in seinen Bildern hätte mitspielen müssen. Ein literarischer Maler war er sicher und es kann sich bei ihm nur fragen, ob seine Gemälde nur davon leben, daß sie Geschichten erzählen und an Gefühle anspielen, die das Publikum liebt, oder ob es gute Werke bildender Kunst sind, die außer dem Sichtbaren noch anderes bieten. Er war auch ein musikalischer Maler, zunächst in demselben Sinne wie er ein literarischer war. Aber er war es noch in einem übertragenen Sinne. Die Musik war nicht nur eine Anregerin und Begleiterin seiner Kunst. Die Eigenart dieser Kunst wirkte vielmehr auch auf seinen Willen, das Naturbild umzugestalten, wirkte auf seinen Stil. Er trachtete, je älter er wurde, je mehr darnach, durch seine Bilder das Gemüt so zu packen wie die Musik es tut. „Ein Bildwerk soll etwas erzählen und dem Beschauer zu denken geben, so gut wie eine Dichtung, und ihm einen Eindruck machen wie ein Tonstück." Er fand deshalb auch: Alles was einem aus dem Kopf von innen heraus gerät, ist mit samt seinen Zeichenfehlern und anderen Fehlern tausendmal mehr wert, als eine noch so fleißig und noch so richtig nach der Natur gemachte Studie.

Die Art, wie er sich in der Malerei ausspricht, nähert sich in der Tat mehr als bei andern Malern seiner Zeit, der Ausdrucksweise von Musik und Architektur. Wohl singt er von seinen Leiden, indem er rauschende Bäume und brandende Wogen darstellt, aber die Elemente der Malerei, Linien und Linienfolgen, Farben und Farbenfolgen bestimmen fast ebenso wie der Rhythmus von Säulen und Gebälk, Mauer und Öffnung, von Tonfolgen und Akkorden den Gesamteindruck. Das war das Neue bei ihm und das Uralte, das, womit er dem Expressionismus vorgriff und mit Grünewald und Giotto sich verwandt zeigt.

Fast scheint es aber, als ob er das höchste Glück der Erdenkinder in der Musik gesehen hätte. Es musizieren auf seinen Bildern Andächtige und Verliebte, die Götter der Flur und der See, betrunkene Soldaten und die Seligen im Elysium. Er fand sich auch ohne systematischen Unterricht auf mehreren Instrumenten zurecht und konnte jede Melodie, die er einmal gehört hatte, fehlerlos wiedergeben, wenn sie ihm gefallen hatte. Unter den Komponisten standen ihm außer den frühen Italienern Haydn, Bach, Mozart, Beethoven und Schubert am nächsten. Gegen Richard Wagner hatte er einen unüberwindlichen Widerwillen.

Je mehr elegische Stimmung eines seiner Bilder ausströmt, um so dunkler wird die Stunde gewesen sein, aus deren Gründen heraus es später sich kristallisierte. Aber in einer Zeit, wo sonst die aufdringliche psychologische Zergliederung grassierte, versetzt er die eigenen Leiden und Freuden in altersgraue Vorzeit, in den Bereich der Götter und Heroen. Denn sicher ist alles Erlebnis, das Verhältnis von Triton und Najade so gut wie das der Alten in der Gartenlaube, die Tatenlust des Abenteurers so gut wie die Leiden des Prometheus, die Sehnsucht des Odysseus wie die „Heimkehr des Landsknechts". Da aber so viel mit blutendem Herzen gemalt war, lehnte er jedes Reden über die Stimmung seiner Werke ab, außer über die lustigen. Die Stilisierung seiner Erlebnisse ins Heroische erlaubte dem zurückhaltenden Alemannen und Basler mehr zu sagen, als er sonstwie übers Herz gebracht hätte. Sollen wir diese Art der Maskerade verdammen? Wäre es besser gewesen, er hätte geschwiegen?

In Düsseldorf fand Böcklin einen Lehrer, der ihn verstand und der in den Grundzügen des künstlerischen Wollens mit dem einig war, was ihm dunkel vorschwebte, in Joh. Wilh. Schirmer, dem Schöpfer von Landschaften mit biblischer oder heroischer Staffage, die noch in den sechziger und siebziger Jahren große Bewunderung in ganz Deutschland gefunden haben. Dieser Lehrer war nur der begabte und feinsinnige Vertreter einer jetzt längst veralteten Richtung und ist von seinem Schüler nach wenigen Jahren überholt worden, aber Böcklin ist ihm sein ganzes Leben dankbar geblieben. Seine eigene Kunst ist von dem ausgegangen, was er bei Schirmer vorfand; freilich hat er später aus den Quellen geschöpft, die Riviera, die Campagna, das Poussintal bewundert und die Väter und Vorväter der deutschen heroischen Landschaft studiert und hat alles Überkommene selbständig umgestaltet. So gleicht das Ende nicht dem Anfang; aber ohne plötzlichen Ruck, langsam und stetig wächst er aus jener Wurzel empor.

Er blieb bis zum Frühjahr 1847 an der Akademie, da er aber auch den Sommer 1846, wie den von 1845 und 1847, in der Schweiz zu Studienfahrten benützte, so hat er im ganzen nicht mehr als etwa ein Jahr systematischen Unterricht genossen.

Seine Malerei ist in dieser Zeit geschickter, die Gesamtwirkung schlagender, es ist aber namentlich auch die Naturbeobachtung feiner geworden, so daß es nicht schwer ist, die undatierten Studien dieser Jahre mit großer Wahrscheinlichkeit chronologisch einzuordnen. Aus dieser Zeit stammen nun auch einige Kompositionen, die in ihren Vorwürfen an die Romantik eines Lessing, im Kolorit an Schirmer erinnern, wie die Burgruine in der Berliner Nationalgalerie und ein Hünengrab im Basler Museum. Diese Bilder dürften das Endresultat der Düsseldorfer Lehrjahre vorstellen.

Im März 1847 begab er sich mit dem schweizerischen Tiermaler Rud. Koller nach Brüssel, der Stadt, die damals das Ziel aller heranwachsenden Koloristen in Deutschland war, und nach Antwerpen. Die beiden bewunderten einen Rembrandt, namentlich aber Rubens und van Dyck. Böcklin suchte indessen vergebens nach Landschaften, die ihm zusagten. Den Sommer darauf soll er die Alpen von Graubünden bis an den Genfer See durchstreift haben. Im August war er in der Tat in Evian und Thonon, und im September in Genf. Es ist auch eine Reihe reizvoller Studien und Kompositionen erhalten, die die Alpen darstellen und wohl aus diesem Jahre stammen, weil sie wieder um einen Grad frischer und naturalistischer als früher datierte sind. Er war auf dem besten Wege, ein Maler seiner Heimat zu werden, wie Diday und Alexander Calame und trat auch wirklich noch bei Calame als Schüler ein. Dieser, siebzehn Jahre älter als Böcklin, stand schon auf der Höhe seines Ansehens und zog die heranwachsende schweizerische Maljugend an sich. Aber Böcklin fühlte sich wenig befriedigt, so sehr auch einige seiner Zeichnungen und Gemälde an Calame erinnern, setzte es durch, nach Paris zu dürfen und traf dort im Februar 1848 bei seinem Freunde Koller, der vorausgezogen war, ein.

Es begann jetzt noch einmal ein fleißiges Studium von morgens früh bis abends spät in einem privaten Aktsaal, im Louvre und wieder im Aktsaal. Von den Modernen haben nach Kollers Bericht dem jungen Landschafter Couture's „Décadence des Romains" ebenso wie seinem späteren römischen Genossen Feuerbach gefallen, noch mehr aber die Werke von Corot, Jules Dupré und dem Orientmaler Prosper Marilhat. Nach dem Zeugnis seines Schülers Zurhelle hat Böcklin auch Delacroix bewundert.

Aber die Studien wurden kurz nach der Ankunft unterbrochen durch die Februarrevolution. Die beiden Freunde, von Neugier, nicht von blasser Furcht geplagt, haben sich die Ereignisse als Maler angesehen, und die ungewohnten Bilder, die sich ergaben, auch als Maler bewundert. Sie sind sogar mit einem Volkshaufen in die königlichen Gemächer eingedrungen. Noch im Alter gedachte Böcklin gerne dieser

21

stürmischen Tage. Aber später hat er Dinge mitansehen müssen, über die er lieber hinwegzugehen pflegte. Er ist nämlich nach der Abreise Kollers noch monatelang allein in einem kleinen Dachstübchen am Luxembourggarten zurückgeblieben und hat dort die Arbeiterschlacht im Juni miterlebt. Was er in der Zeit nach Kollers Weggang gemalt hat, wissen wir nicht; über das, was ihm sonst zugestoßen ist, sind nur einzelne Anekdoten und zum Teil widersprechende Nachrichten erhalten. Angeekelt und flügellahm kehrte er gegen den September nach Hause zurück, aber reifer als Mensch und als Künstler.

Er arbeitet nun anderthalb Jahre (bis Februar 1850) in heißem Ringen mit seiner Kunst und oft der Verzweiflung nahe in Basel und es ist eine stattliche Reihe von Landschaften, meist düstere, melancholische oder doch ernste Stimmungsbilder aus diesen Monaten erhalten. Sie sprechen aber nicht dafür, daß ihm Delacroix oder die Schule von Barbizon neue Lichter aufgesetzt hätten, erinnern überhaupt nicht an einzelne große Franzosen, sie zeigen ein Vorwärtsschreiten auf dem bisherigen Wege. Aber es tritt der dämonische Unterton in seinem Werke auf, eine Note, die für Böcklin im besonderen charakteristisch ist, und wir spüren die ersten Funken echter Genialität.

Die „Tannenbewachsene Felsschlucht mit Wasserfall" (Tafel 1), die schon als sein frühestes Bild ausgegeben worden ist, gehört in diese Monate und scheint uns das früheste Bild zu sein, das diesen Funken verrät. Eine Schwester erinnerte sich noch, daß sie als kleines Mädchen vom älteren Bruder vor die Arbeit geführt und nach ihrem Eindruck gefragt wurde. Als sie dann zaghaft mit der Antwort herausrückte, es erscheine ihr so unheimlich, lächelte der Bruder, denn das hatte er gewollt.

Der Vater soll nochmals versucht haben, den Sohn zu einem Beruf zu bestimmen, der ihm erlaubte, seine Talente lohnender als im Malerberuf zu verwenden. Zu der Unzufriedenheit mit seinen Beratern und mit sich selbst kam aber noch eine Liebe, die tragisch enden sollte. Böcklin pflegte seine Arbeit mit Flötenspiel zu unterbrechen, dann erschien am gegenüberliegenden Fenster ein junges und eigenartiges Mädchen, das den Klängen zuhörte. Sie war auch nicht ganz unbemittelt, aber der Vater Böcklin war empört, daß der Sohn, der seinen eigenen Unterhalt noch nicht verdiente, an eine Heirat dachte. Als schließlich eine Verlobung doch stattgefunden hatte, wollten die Eltern der Braut die Ärmste nicht mit in die Fremde ziehen lassen. Böcklin strebte damals nach Rom. Als er dann Abschied genommen hatte, ahnte er, daß er die Braut nicht wiedersehen werde. Sie starb kurz nachher; er erhielt die Nachricht erst in Rom und seine Wirtin fand den fremden Pittore mit einem Briefe in der Hand ohnmächtig am Boden liegen. In den Bildern des Meisters aber, in frühen und in späten, erscheint oft ein anmutiges Mädchen, das dem Flötenspiel eines Jünglings oder eines Halbgottes lauscht, und Jakob Burckhardt hat den Tod des Mädchens besungen.

ROM 1850-1857

Rom war damals noch das Ziel aller Maler; die Lehrer, bei denen Böcklin an der Zeichenschule in Basel seinen ersten Unterricht genossen, und fast alle anderen Künstler der Stadt waren dort gewesen. Sein Freund Jakob Burckhardt hatte 1846 eine längere Reise nach Italien gemacht. Seither war das Revolutionsjahr auch über Italien hinweggegangen. Aber 1849 war die Ruhe allmählich überall wieder hergestellt worden. So ließ man den Sohn endlich ziehen. Ende Februar oder Anfang März 1850 brach Böcklin auf. Einem jungen Maler, der ihn später nach dem richtigen Wege zur Kunst gefragt hat, soll er geantwortet haben: Trinken Sie kein Bier sondern Wein, besuchen Sie keine Akademie und gehen Sie sobald wie möglich nach Italien. Auch Jakob Burckhardt vertrat noch spät die Ansicht, man könne nicht früh genug nach Italien gehen.

Das Rom der fünfziger Jahre sah dem zu Goethes, vielleicht sogar dem zu Poussins Zeit noch viel ähnlicher als dem heutigen. Thermen, Tempel, Amphitheater, Brücken waren malerisch mit üppiger Vegetation überwuchert und das Forum sah noch nicht aus wie eine sauber gefegte Brandstätte; eine Allee lief hoch über den jetzt bloßgelegten Resten des alten Straßenpflasters vom Forum nach dem Titusbogen. In Gegenden, wo heute Fabriken, Werkstätten und Zinskasernen oder unzugängliche Sperrforts stehen, hat Böcklin die herrlichsten Motive gefunden. Die Straßenbeleuchtung freilich war schlecht und die Unsicherheit war groß innerhalb der Mauern und außerhalb. Die Fieberepidemien und die päpstliche Polizei belästigten den Fremdling und den Einheimischen; aber trotzdem hatte man den Eindruck, als ob alle Tage Sonntag sei, und Gregorovius rühmt die

Stille und Ruhe der Ewigen Stadt, Das Leben war auch erstaunlich billig und selbst die Bettler schienen keine Not zu leiden.

Böcklin ist von der Küste her in die Ewige Stadt eingezogen, durch die Porta Cavallegieri beim Janiculus und sah im Mondschein zuerst die Kolonnaden und die Springbrunnen von St. Peter. Es stürmten nun Eindrücke auf ihn ein, die seiner Kunst die Richtung fürs Leben geben sollten, und die Freude an der neuen Welt scheint aus allen seinen Bildern zu leuchten. Gewiß ist der melancholische Unterton in den Tiefen seiner Seele geblieben, und hat später in Schöpfungen, in denen südliche Landschaften dargestellt sind, die entscheidende Note gegeben. Aber vorerst scheint ihn das Interesse an der strahlenden Schönheit der Natur, die ihn umgab, so sehr gefangen genommen zu haben, daß er nicht mit der Entschiedenheit wie bisher auf den Ausdruck einer Stimmung, jedenfalls nicht einer melancholischen, hinarbeitet.

Seiner späteren Gattin, die nicht weit von der Straße wohnte, wo Böcklin ein Unterkommen gefunden hatte, ist er in dieser ersten römischen Zeit aufgefallen als ein schlanker junger Fremdling mit wettergebräuntem Gesicht, hellen Augen und langen Locken, der jeden Morgen schon in der Frühe mutterseelenallein mit dem Skizzenbuch unter dem Arm nach der Porta del Popolo zu ging, um draußen Studien zu machen. Er scheint auch wirklich die Gegend unmittelbar vor diesem Tore bis zum Ponte Molle und dann auch die weitere Umgegend im Norden und Nordwesten von Rom, das Poussintal, Isola Farnese, Formello und den Lago Bracciano besonders bevorzugt zu haben. Im Süden von Rom hat er offenbar viel und gerne beim Hain der Egeria gezeichnet.

Gleich zu Anfang lernte er den Historienmaler Ludwig Thiersch und den Landschafter Franz-Dreber kennen. Thiersch trug am 27. März in sein Tagebuch ein, daß er abends einen Landschaftsmaler Böcklin in der Kneipe getroffen, der sehr viel von der Pariser Revolution erzählte. Am 3. April gingen die beiden zusammen, Böcklin vielleicht zum ersten Male, in den Vatikan. Thiersch hatte damals den Eindruck eines Kameraden, der nur äußerlich gefaßt, innerlich durch den Tod seiner Braut ganz zerrissen war. Franz-Dreber war etwas älter als Böcklin und schon etliche Jahre länger in Rom, er war ein Schüler Ludwig Richters gewesen und hatte noch den alten Koch und Reinhardt gekannt. Er hat damals einen starken Einfluß auf Böcklin gewonnen. Nach dessen eigenem Zeugnis ist die Landschaft (Taf. 2) unter Drebers Einfluß entstanden.

Bald muß auch der jüngere Poussin, Gaspard Dughet, in seinen Gesichtskreis getreten sein. Dies geschah aber vermutlich etwas später, zur Zeit als Jakob Burckhardt seine Studien für den Cicerone machte, also um 1853. Burckhardt schätzte Dughet sehr und mag den Freund auf dessen Werke, die, weit zerstreut in Galerien und Kirchen, nicht jedem auffallen, erst aufmerksam gemacht haben. Schon einem Paul Heyse aber, der Böcklin Herbst 1852 in Rom besuchte, fiel das erstaunliche Gedächtnis auf, das Böcklin erlaubte, umfangreiche Kompositionen aus dem Kopfe zu malen. Die große Zahl von Studien, die aus dieser Zeit erhalten sind, dienten also kaum dazu, die Durchführung der Gemälde zu erleichtern, sondern das Gedächtnis zu üben und dadurch das freie Schaffen zu ermöglichen.

Im Sommer dieses Jahres 1852 war Böcklin für einige Monate in Basel gewesen. Er hatte damals vergeblich um die anmutige und vielgefeierte Antonia Schermar geworben, der auch Jakob Burckhardt gehuldigt hat. Nach Rom zurückgekehrt, fand er endlich das Weib, das für ein halbes Jahrhundert seine Gattin werden sollte. Sie war, als er um sie freite, siebzehnjährig, rassig und sehr schön, und er hat sie, da er keinen andern Ausweg wußte, sich ihr zu nähern, auf der Straße angesprochen und sie gebeten, ihm die Verwandten zu nennen, bei denen er um ihre Hand anhalten könne. Denn sie war alles eher als, wie die Sage geht, ein Berufsmodell. Sie war eine Waise, die wohlbehütet bei einer Verwandten wohnte und bei frommen Nonnen ihren Schulunterricht genossen hatte. Es stand ihr auch ein hübsches Vermögen in Aussicht. Nur das hat ihren Lebensweg in eine gewagte Bahn gebracht, daß sie statt eines dicken Konditors einen fremden schlanken Maler haben wollte, der Protestant und zu allem Unglück auch noch ein selbstherrliches Genie war. Sie hieß Angela Pascucci. Nun gab es in den sechziger Jahren, zur Zeit, da sie als Frau Professor von Weimar nach Rom zurückgekehrt war, dort wirklich ein Modell, das wegen toller Streiche von sich reden machte, Angela mit Vornamen hieß, und allgemein „die Pascuccia" genannt wurde.

Die Hochzeit Böcklins fand 1853 statt und Jakob Burckhardt, der damals in Italien weilte, war Trauzeuge. Anfangs schien auch alles gut zu gehen. Als jedoch die Priester merkten, daß der Mann nie einen guten Katholiken abgeben werde, bekam die Gattin von dem Vermögen, das ihr hätte zufallen sollen, nichts mehr zu sehen; es wurde ihr jede Unterstützung von Seiten ihrer wohlhabenden Verwandten versagt, und die Not stieg schon im zweiten Jahre der Ehe einmal aufs höchste, als auch noch die Verkäufe ausblieben. Aber obgleich die Unterschiede in Erziehung, Lebensanschauung und Bildung zwischen den beiden Eheleuten groß waren und in späteren Jahren nicht ohne Folgen geblieben sind, so hielten die beiden doch fest zusammen. Die Frau hatte heroisch für ihren Mann eine bequeme Zukunft geopfert, wie einst der Mann für seinen Beruf, und mit der Ehe dieser entschlossenen und wagemutigen Naturen begann erst recht der Aufstieg.

„Als das zweite Kind kam"—und Frau Böcklin neunzehn Jahre alt wurde—„ging es uns besser", meinte die Gattin später. Die tonigen Gemälde, die der Mann Mitte der fünfziger Jahre schuf, begannen in dem Kreise von deutschen Künstlern und Kunstfreunden, der sich in Rom zusammengefunden hatte, sehr großes Aufsehen zu erregen und fanden Käufer, wenn auch zu sehr bescheidenen Preisen. Der Maler August Riedel, der schon längere Zeit in Rom ansässig war und ein großes Ansehen genoß, hat sich namentlich durch seine Fürsprache ein Verdienst um Böcklin erworben. Begas freundete sich damals für das Leben mit ihm an, und Feuerbach erhielt, wie Allgeyer erzählt, jenen an Schrecken grenzenden Eindruck von der Kunst eines aufstrebenden Genius, der noch mehr wie er selber verkannt war, und schloß sich ebenfalls an ihn an. In der Erinnerung der Frau ist der Verkauf des Bildes „Kentaur und Nymphe", das sich jetzt in der Berliner Nationalgalerie befindet (Taf. 3), der erste große Erfolg ihres Gatten gewesen.

Was Böcklin zunächst an der italienischen Landschaft begeistert hatte, war nicht nur der üppige Reichtum der Vegetation, sondern vielleicht viel mehr noch die Klarheit aller Formen. Die Linien der heimatlichen Berge hatten wohl einen großen Zug, aber die Profile sind doch immer mit dem Flaum der Wälder, Obstgärten, Kornfelder und Wiesen überzogen. Baum zerfließt da in Baum. In der Campagna waren noch weite Flächen unkultiviert. Herrliche Baumgruppen standen auf kahlem Erdreich, antike Ruinen, Felsen und Abhänge, ja jede Falte des Bodens schon, alles hob sich durch scharfe Schatten klar und plastisch gezeichnet, auf weite Strecken sichtbar, scharf und bestimmt von glatten Flächen ab. Und Böcklin war Plastiker, nicht nur Kolorist. Schon früh zeichnen sich seine Studien und Gemälde vor denen Drebers aus durch die übersichtliche Klarheit des Gesamteindrucks und, was eng damit zusammenhängt, durch den größeren Wurf. So auch das Bild aus den Pontinischen Sümpfen, das er selbst als unter Drebers Einfluß entstanden erklärt hat.

Allmählich hatte sich aber auch das Interesse am Spiel des Lichts, am Helldunkel, stärker geltend gemacht. Er liebte es damals sehr, wenn die Wolken ihre Schatten über die Landschaft warfen und gegen den Hintergrund zu helle und dunkle Partien wechselten. Er beobachtete das Flimmern des Lichts in schwüler Mittagsglut, das Spiel der Sonnenflecken im Schatten der Haine und gab die Farbe eingetaucht und schwimmend in der dunstigen Atmosphäre. Er rühmte auch später in einem Gespräche mit Schick die vielen blauen Schattentöne der römischen Landschaft. Wenn jegliche Malerei außer der impressionistischen verboten wäre, so könnte man wirklich die Bilder vom Ende dieses ersten römischen Aufenthaltes für die besten seines Lebens erklären, wie ein Bemäkler des großen Mannes es getan hat.

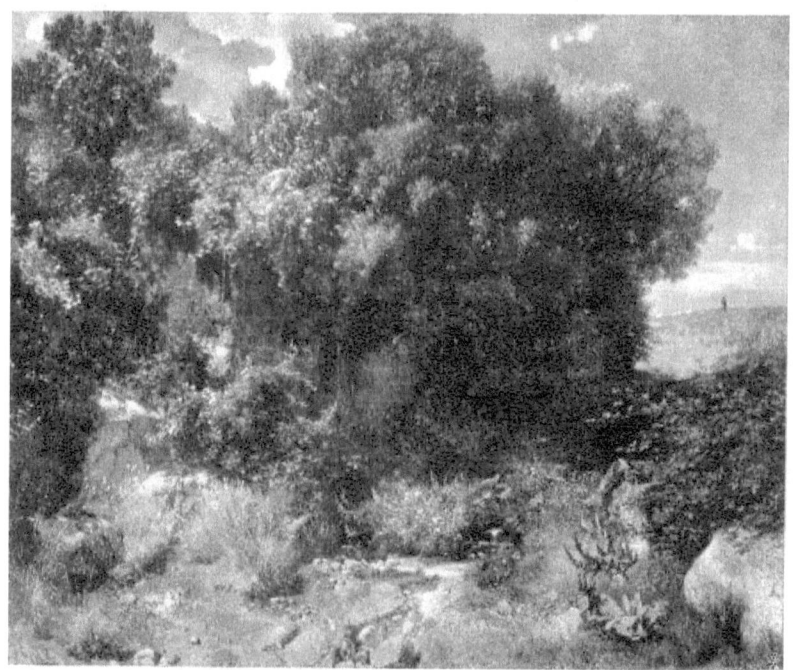

CAMPAGNALANDSCHAFT VON 1860
NATIONALGALERIE IN BERLIN

Zu einer damals ganz modernen Auffassung der Natur gesellten sich die Erinnerungen an die graue Vorzeit. Er hatte sich angesichts der Denkmäler des alten Rom aus seinem spärlichen Reisegeld eine lateinische Grammatik erstanden, um seine Sprachkenntnisse aufzufrischen. Das mag vielleicht nicht viel geholfen haben, aber es ist bezeichnend. Jetzt tauchen neben den Hirten der Campagna in seinen Landschaften die Gestalten der antiken Sagen auf. Badende Nymphen, allein oder von Faunen belauscht, von Faunen geraubt, und schon jetzt: die Diana auf der Jagd und sich erfrischend an kühlen Quellen (Taf. 5), das sind die Stoffe, die er darstellt. Auch ein „Pan im Walde" und eine frühere Fassung jenes „Pan im Schilf" (Taf. 6), der später so großes Aufsehen erregt hat, ist schon 1856 in Rom entstanden. Vielleicht geht auch der „Panische Schrecken" der Schackgalerie (Taf. 10) in seinen Anfängen auf Studien zurück, die er auf der Hochzeitsreise an den Abhängen oberhalb von Palästrina gemacht hat. Die Faune und Nymphen geben seinen Zauberwäldern Stimmung, aber sie sind noch nicht in dem Grade, wie später etwa der „Drache in der Felsenschlucht" (Taf. 32), der Ausdruck der Naturgewalten.

Während in den Bildern der letzten Basler Jahre die verzweifelte Gemütsverfassung der damaligen Zeit deutlich zum Ausdruck kam, ist in den Gemälden dieser Zeit kein Niederschlag der vielen Nöte zu verspüren, die der junge Ehemann zu überstehen hatte.

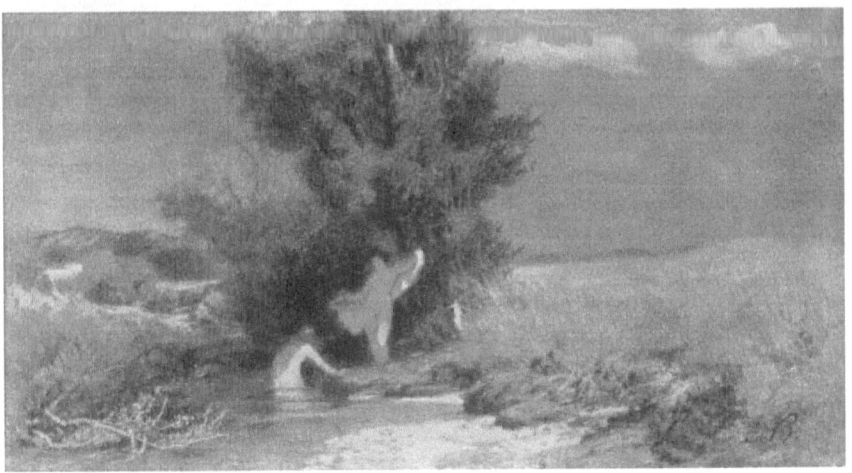

BADENDE MÄDCHEN
UM 1866

DIE ZEIT VON 1857-1866

(Basel, Hannover, München, Weimar, Rom)

Im Sommer 1857 siedelte Böcklin nach seiner Vaterstadt über; er hatte geglaubt, daß es ihm nun im Norden nicht mehr an Verkäufen fehlen werde, dabei aber mehr noch als auf die Heimat auf den Deutschen Kunstverein gehofft. Aber seine Mittel wurden durch die mühsame Reise nach dem Norden aufgezehrt und er erschien den Baslern als der verlorene Sohn, der bettelarm in das Vaterhaus zurückgekehrt war. Die Ausstellung eines hübschen und anmutigen Bildchens aus den Albaner Bergen, das für schweres Geld später von Hand zu Hand ging, soll zu einer wahren Katastrophe für den Maler geworden sein. Mit Freuden nahm er deshalb den Vorschlag des Konsuls Wedekind an, ihm in Hannover einen Speisesaal, wenngleich für kärgliche Bezahlung, auszumalen. Er schuf dort auch wirklich im Sommer 1858 seine ersten Wandbilder, ein Werk ohnegleichen in jener Zeit (Taf. 7 und 8), duftige Landschaften von der genuesischen Küste und aus dem Sabinergebirge, so frisch und überzeugend, als ob er das Land seiner Sehnsucht vor den Toren von Hannover gehabt hätte. Der erste Prometheus, das erste Schloß, das von Piraten ausgeraubt wird (Vorstufen zu den Bildern auf Taf. 69 und 35), sind damals entstanden, alles sehr schön in den Raum komponiert. Aber er mußte die Bezahlung auf dem Prozeßwege erst erkämpfen, siedelte im Herbst dann nach München über, geriet hier erst recht vom Regen in die Traufe, indem er mit zweien seiner Kinder am Typhus erkrankte, so daß die ganze Familie in tiefste Not geriet. Es gab aber auch Leute, denen das Unglück zu Herzen ging. Es hat sich namentlich die Basler Malerin Emilie Linder des Landsmannes und seiner Familie getreulich angenommen, auch die Mutter kam zu Hilfe. Die zweite Fassung des „Pan im Schilf" (Taf. 6) wurde, als der Künstler eben sich zu erholen anfing, im März des Jahres 1859 im Münchner Kunstverein ausgestellt und erregte ein Aufsehen, das den Schöpfer mit einem Schlage und für immer zu einem geachteten Mitgliede der Künstlerschaft erhob. Eben hatte der Altersgenosse Piloty mit seiner „Liga", noch mehr aber 1855 mit seinem „Seni vor Wallensteins Leiche" in München einen Umschwung bewirkt durch die Art, wie er jeden Farbenton naturwahr, aber dennoch harmonisch zum Ganzen zu stimmen wußte; hier war mit feineren Mitteln mehr erreicht und die Grenze zwischen Tüchtigkeit und Genie überschritten. Das Gemälde wurde noch im selben

Monat für die Pinakothek angekauft, um dort wie der „Seni" einen Ehrenplatz einzunehmen.

Der Verlagsbuchhändler Cotta trat mit einem größeren Auftrage an Böcklin heran: als Vorlage für den Schmuck einer Schillerausgabe grau in grau in großem Maßstabe das Bild „Die Götter Griechenlands" zu malen (Taf. 9). Eine Photographie dieses Gemäldes, aufgeklebt auf einen Karton mit Goldrändchen, schmückte dann neben Aufnahmen von Bildern anderer Meister und neben Holzschnitten die „Prachtausgabe". Auf dem Titel erscheint der Künstler als „Böcklen" neben C. Piloty, F. Piloty, Ramberg und Schwind. Schack wurde durch Paul Heyse auf Böcklin aufmerksam gemacht und fing an zu kaufen, und, als durch das alles noch keineswegs alle Verlegenheiten behoben waren, kam Graf Kalckreuth nach München, um ihm eine Berufung an die neuzugründende Kunstschule in Weimar anzutragen. Er sollte dort mit seinem Freunde Begas Herbst 1860 antreten; auch Lenbach wurde berufen und man hoffte außerdem noch Feuerbach und Franz-Dreber heranziehen zu können.

Böcklin hat mit Freuden zugegriffen, aber statt sich nun ganz auf das Gebiet zu werfen, mit dem er so Großes erreicht hatte, suchte er sich im Gegenteil auszuweiten. Venedig kannte er mindestens seit dem Jahre 1852, aber jetzt macht sich, offenbar infolge einer Reise nach Dresden, vorübergehend ein auffallender Einfluß der Venezianer bemerkbar. Hatte die menschliche Figur bisher nur eine untergeordnete Rolle in seinen Bildern gespielt, so malte er jetzt die Venus, die den Amor entsendet (Taf. 12), und es entstehn eine ganze Reihe Bildnisse zunächst mit altmeisterlichem, an die Venezianer erinnerndem Kolorit. Er fing an zu modellieren und beteiligte sich an einer Konkurrenz für ein Denkmal, das in seiner Vaterstadt den Schweizern erstellt werden sollte, die im Jahre 1444 in der Schlacht bei St. Jakob einen ruhmvollen Tod gefunden hatten. Endlich beschäftigte er sich mit dem Flugproblem.

Freilich, wenn er in Weimar in Stimmung und mitten im Arbeiten war, dann konnte es vorkommen, daß hoher Besuch angesagt wurde. Bemerkungen, die im Café Greco in Rom ein donnerndes Gelächter oder ironische Beistimmung gefunden hätten, mußte man jetzt ruhig anhören, ohne mit der Wimper zu zucken, weil sie von hohen, dem Fürsten nahestehenden Leuten ausgesprochen wurden. Man sollte denken, daß Böcklin solche Unannehmlichkeiten nicht höher als

Not und Tod eingeschätzt hätte, um so mehr als der Großherzog Karl Alexander ein wirklich bedeutender Mensch war, der die Künstler mit größter Rücksicht behandelte, und es auch sonst nicht an geistvollen Menschen im damaligen Weimar fehlte. Auch Jak. Burckhardt riet dem Freunde zum Ausharren.

Aber Böcklin glaubte die Freiheit des Zigeunerlebens, er glaubte die italienische Landschaft nicht länger entbehren zu können, deren Anblick seinen Schaffenstrieb unaufhörlich angeregt und, was vielleicht die Hauptsache war, seine Phantasie ins goldene Zeitalter entführt hatte. Herbst 1861 fuhr er mit Begas nach Genua, „um die Nase wieder etwas in Italien zu stecken"; nun kam ein großer Auftrag seiner Vaterstadt, dessen Ertrag ihn für einige Zeit über Wasser halten konnte. Als der erledigt war, verabredete er mit dem Freunde, sich an einem bestimmten Tage im Oktober des Jahres 1862 vor Porta Salara in einer Osteria ai Pupacci zum Bocciaspiel zu treffen.

Das letzte Werk der Weimarer Zeit aber war nach all den tastenden Versuchen ein gewaltiger Schritt über alles Frühere hinaus. Er meinte einmal, im Norden bringe man mehr zustande, im Süden komme man aber innerlich besser vorwärts, und er hat wirklich in den fünf Jahren, seit er Rom verlassen hatte, viel geschaffen, auch Bleibendes, wie uns scheinen will. Die Darstellung der italienischen Landschaft, die im „Pan" so verblüfft hatte, war noch übertroffen worden in dem Bilde der Schackgalerie, der „Panische Schrecken" von 1860 (Taf. 10) und dieses Gemälde sollte nun durch eine „Jagd der Diana" (Taf. 14) der Basler Sammlung in den Schatten gestellt werden. Die Vaterstadt war 1861 wegen eines Auftrages für ein größeres Bild mit ihm in Unterhandlung getreten. Böcklin hatte erst eine duftige Skizze eines Liebespaares eingeschickt, der Knabe flötend, das Mädchen lauschend im Grase ausgestreckt; aber dieses erschien der Kunstkommission zu nackt. Böcklin, obwohl schwer verärgert, ließ sich schließlich zu etwas anderem bestimmen. Er hatte in München auf den Zuspruch seines Freundes J. G. Steffan ein kleineres Bild so fein säuberlich ausgemalt, daß es, wie er dachte, jedem Mitgliede des Münchner Kunstvereins gefallen müßte. Ein Liebhaber hatte sich freilich dennoch nicht eingestellt, aber gute Freunde hatten dann dafür gesorgt, daß es wenigstens in die Verlosung angekauft wurde. Doch auch der Kunstfreund, dem es zugefallen war, hatte keinen Gefallen daran gefunden und es dem anerkannten Tiermaler Voltz gegen eine Landschaft von dessen eigener Hand weitergegeben. Das Bild ist heute eine Zierde der Nationalgalerie in Berlin und hat schon Schick begeistert (vergl. die Textabbildung S. 21). Jetzt war Böcklin daran, diese Landschaft umzuformen, ohne sich einen Zwang anzutun, und mit den Gestalten einer Hirschjagd der Diana zu bevölkern. Dies Werk wurde auf Grund einer Federskizze in Basel bestellt. Das Honorar entsprach ungefähr dem, was Schack für ein halbes Dutzend Bilder zahlte. Der Maler gestaltete die Baumgruppe diesmal größer, öffnete rechts den Ausblick bis aufs Meer, setzte vor das üppige Grün, das im blauen Dunst zu schwimmen scheint, die göttlichen Damen mit den bunten Gewändern, die sich wie schillernde Edelsteine auf dem Gewände der Natur ausnehmen. Ein Rambergschüler, der das Gemälde im Atelier gesehen, berichtet, daß er nie in seinem Leben eine solche Begeisterung empfunden habe. Ähnliches erlebte der Maler Sandreuter. Jakob Burckhardt schätzte das Bild ebenfalls besonders hoch. Es ist kein Jugendwerk im gewöhnlichen Sinne mehr. Böcklin war inzwischen   Jahre alt geworden. Raffael hatte in diesem Alter die Sixtinische Madonna hinter sich, und Tizian hatte im gleichen Alter die Irdische und Himmlische Liebe geschaffen. Aber man sollte meinen, daß das Gemälde nicht im kühleren Norden, sondern in dem Lande entstanden sei, das mit solch strahlender Pracht geschildert ist.

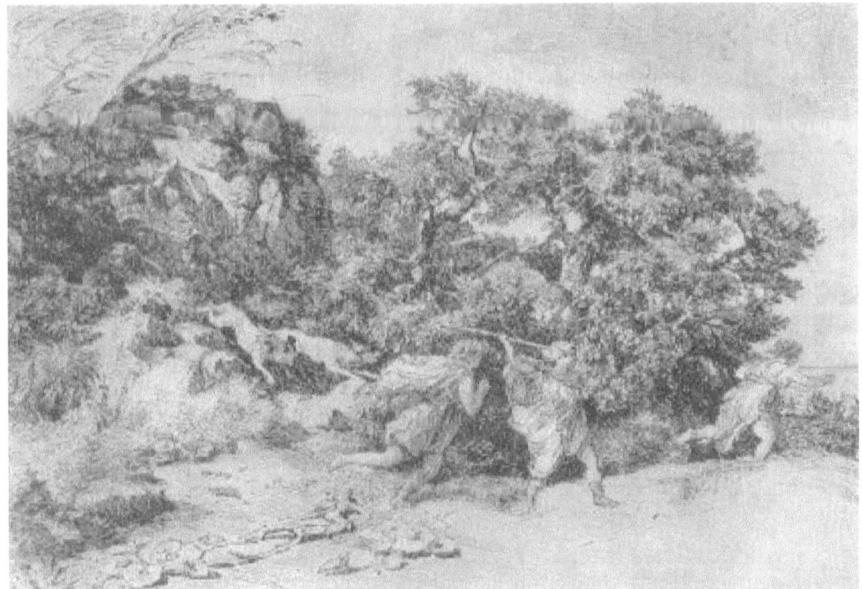

ENTWURF ZUR „JAGD DER DIANA" 1862 (ZEICHNUNG)
BASELER MUSEUM

Jetzt steuerte Böcklin also wieder hinaus „den Winden und Wogen ein sicheres Ziel" und die Ersparnisse gingen im ersten Jahre wieder drauf, bis er die neuen Eindrücke im Lande der alten Sehnsucht verarbeitet hatte. Offenbar war es Böcklin wie alten Soldaten ergangen, die nach gefährlichen und entbehrungsreichen Feldzügen die Ruhe und Sicherheit des Garnisondienstes nicht mehr ertragen können. Das katastrophenreiche Leben der letzten Jahre hatte ihn für das stille Weimar mit seiner lieblichen Umgebung, die doch einem Goethe genügt hatte, verdorben. Noch ein Jahrzehnt lang war er jetzt wieder, nicht zum Glück, auf Bestellungen des Grafen Schack angewiesen. Dieser hat etwa die Hälfte seiner Hauptwerke in dieser ersten Periode seiner Meisterschaft erworben. Er hat Böcklin wie Feuerbach vielleicht sogar der Nation überhaupt erhalten. Aber er war, nach einer sarkastischen Bemerkung Böcklins, der einzige, der seine Galerie nicht gesehen hat. Er hatte sich durch seine Studien ein schweres Augenübel zugezogen und war auf fremden Rat angewiesen. Da er selbst ein wirklich bedeutender Dichter war, so wurde er auch von bedeutenden Menschen beraten, aber nicht immer gut. Er hat in entscheidenden Fällen versagt, gerade wo Böcklin und Feuerbach ihre Schwingen am mächtigsten hoben. Er verkannte die überragende Bedeutung der ersten Villa am Meer, wies den „Frühlingsreigen" von 1869 zurück und verurteilte die „Jagd der Diana". Er war auch kein verschwenderischer Mäzen, und da er selber nie sein Brot mit Tränen gegessen, wußte er nicht immer, was er mit seiner Sparsamkeit anrichtete. Aber es wirft ein eigentümliches Licht auf die damaligen Verhältnisse, daß ein fast Blinder die Sehenden beschämt hat.

In Rom haben Böcklin zunächst die Stanzen Raffaels, besonders der „Heliodor", einen gewaltigen Eindruck gemacht. Er hatte sich schon früher damit beschäftigt, aber er hatte sie jetzt seit mehr als fünf Jahren nicht mehr gesehen, und seither selber Wandbilder und selber größere Figuren gemalt. Außerdem hat er Neapel zum ersten Male besucht und erhielt—nach dem Zeugnisse von Schick, das auf seine Äußerungen zurückgeht,—einen solchen Eindruck von den Malereien in Pompeji, daß er ganz aus der bisherigen Bahn getrieben wurde, ein Jahr verlor, bis er sich wieder gefunden hatte und dann einen ganz neuen Weg einschlug. Im Jahre 1863 hat er auch die Augustusstatue des Braccio nuovo gesehen, wie sie noch im vollen Farbenschmuck in ihrem tausendjährigen Grabe gefunden wurde und die Beobachtungen in Neapel und Pompeji bestärkten ihn in der Anschauung, daß die antike Plastik nicht einfarbig war und die Augen der antiken Statuen so gut wie die der Sixtinischen Madonna dunkel waren. Das gab ihm natürlich auch eine ganz andere Vorstellung von antiker Kunst als sie bisher üblich und möglich war.

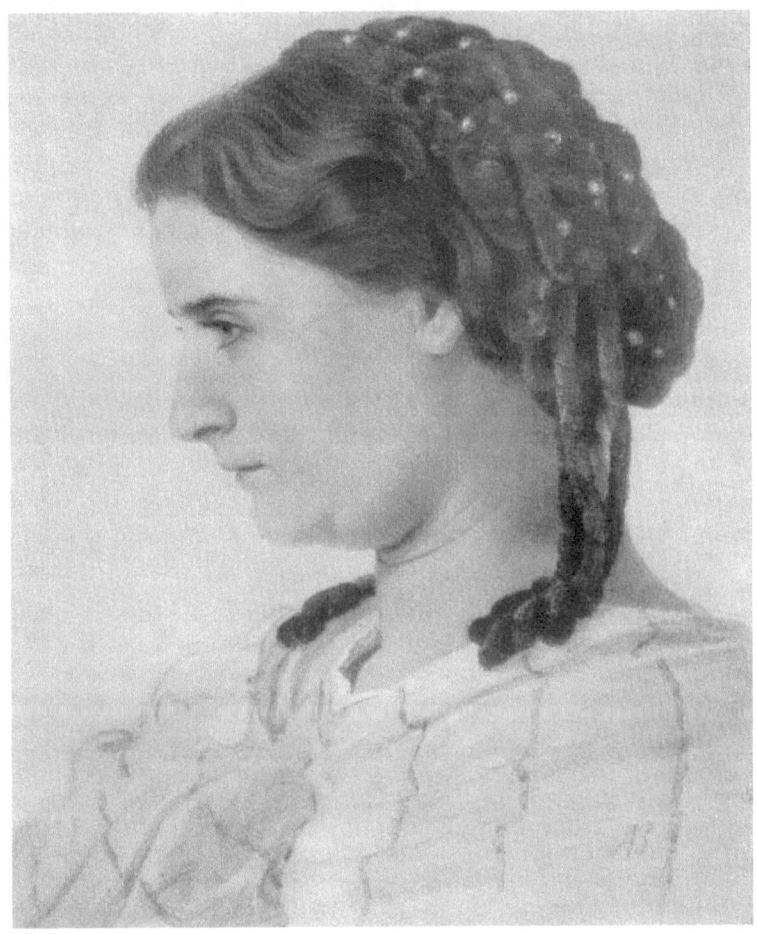

BILDNIS DER GATTIN DES KÜNSTLERS UM 1863

Bei Raffael war es hauptsächlich das „Großdekorative", das ihn anzog, die Fähigkeit, mit groß wirkenden Gestalten die Wand zu schmücken und die Phantasie zu beleben. Bei den Griechen reizten ihn die Formen, die Farben und die Technik. Es gesellt sich nun zu dem Einfluß von seiten der Schule Poussins und der Venezianer ein dritter, von ihm selbst bezeugter. Aber während die Landschaften seiner Ju-

gend recht auffallend denen Dughets und seiner Zeitgenossen gleichen, schließt sich das, was nun folgt, weder in dem Sinne wie die
Malerei eines J. L. David oder Asmus Carstens, noch so wie die Malerei eines Poussin den Griechen an. Er malte damals gelegentlich einen
Kopf, der mit den Formen einer griechischen Statue übereinstimmt. Er
hatte auch im Leben eine Vorliebe für die gedrungenen und kräftigeren Gestalten, wie sie im allgemeinen die Griechen im Gegensatz zu
den abendländischen Völkern, namentlich den Franzosen, bevorzug-
ten. Aber es fiel ihm nicht ein, bekannte Antiken der römischen
Sammlungen in seinen Gemälden perorieren und herumstehen zu lassen, noch wenigstens den antiken Formenkanon als Ganzes
herüberzunehmen. Ohne das Zeugnis von Rud. Schick würde man den
Einfluß der Griechen gar nicht erkennen 28 können. Die Nachahmung
war keine sklavische. Seine Hauptwerke sind auch vorerst noch Landschaften. Das erste Bild, in dem sich der neue Stil deutlich ankündigt,
die „Frau Böcklin als Muse" (in Basel) ist weit davon entfernt, die Ge-
sichtszüge nach Art etwa der Niobidenköpfe zu verallgemeinern. Es
folgt 1864 als Hauptwerk der neuen Epoche die dunklere der beiden
Villen am Meer der Schackgalerie (Taf. 15), und dann 1865 das hel-
lere Exemplar (Taf. 16) und die „Altrömische Weinschenke" (Taf. 18).

Das Neue ist, daß die Darstellung nicht allgemeiner, sondern
ausdrucksvoller geworden ist. Schon auf den ersten Blick gibt jetzt
Farbe und Linienführung die jedesmalige Grundstimmung an. Es ist
das Plötzlich-Deutliche, das mit anderen Mitteln auch im Spätstil Raffaels zum Ausdruck kommt.

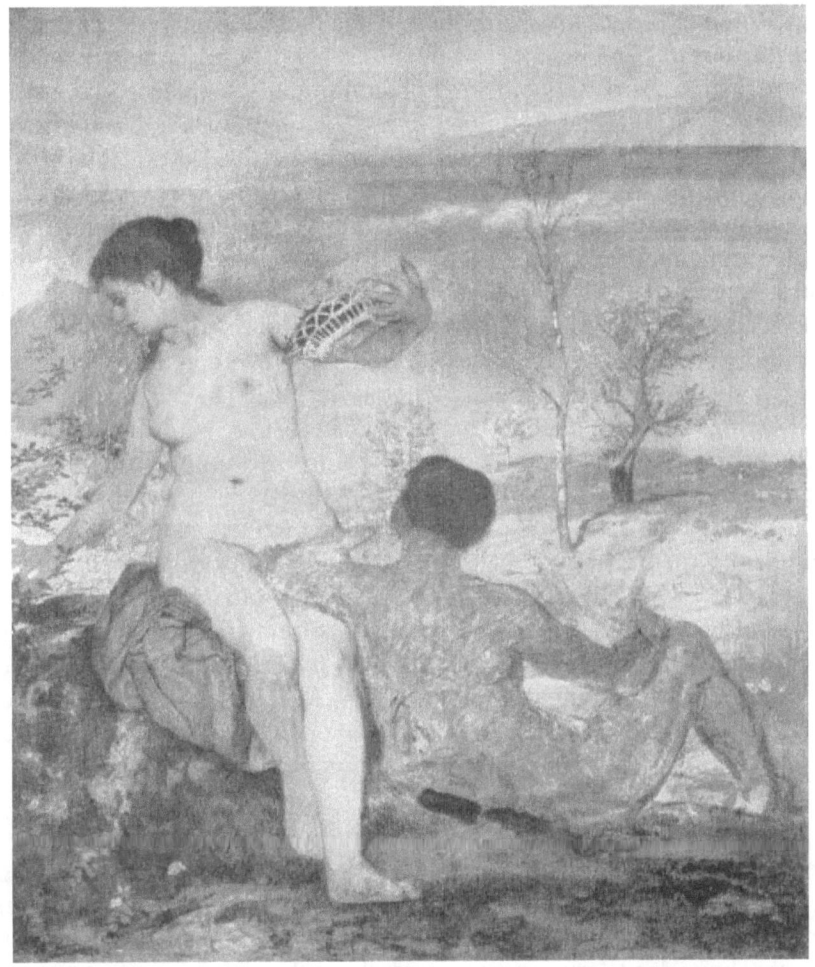

MÄDCHEN UND JÜNGLING BEIM BLUMENPFLÜCKEN
UM 1866

Nichts zeigt das vielleicht so klar, wie die feierlichen, man könnte fast sagen klagenden Linien, mit denen sich die Bäume und der Palast in der „Villa am Meer" von dem dunklen Himmel abheben. Uns will scheinen, es ist sogar schon in den Linien ausgesprochen, daß es sich um die Klage einer vornehmen Seele, nicht um den Notschrei eines Proletariers handelt. Wie viel in den Silhouetten allein schon gegeben ist, erkennt man, wenn man sie mit denen der „Jagd der Diana" vergleicht. Man braucht gar nicht die Vorstufen und Studien zu

den Villen am Meer heranzuziehen. Auch diese Hauptwerke sind näm-
lich Umgestaltungen einer schon vorhandenen Komposition ins
Größere und Wirkungsvollere. Schon für die alte Kunst war es ein
Vorteil, daß sie immer dasselbe darzustellen hatte. Dadurch wurde das
Interesse des Künstlers und des Publikums von selbst auf die Art ge-
lenkt, wie ein Vorwurf künstlerisch gelöst war. Auch Böcklin, der
immer wieder dasselbe Motiv umgestaltete, ist dadurch zu so hoher
Vollkommenheit gelangt. Eine Vorstufe der Villen ist der „Mord im
Schloßgarten" (Taf. 11), wo der Überfall einer prachtvollen Besitzung
am Meer durch Seeräuber beim ersten Morgenrot dargestellt ist. Bei
der dunklen Villa ist die Stimmung elegisch geworden. Böcklin dachte
an den letzten Sprossen eines adligen Geschlechts, der in der Ferne
verschollen, von der Geliebten vergebens erwartet wird. Das Gold der
Abendsonne liegt auf dem Palast wie letzte Hoffnung und Erinnerung
an frühere Zeiten. Die ganze Sehnsuchtsromantik dieser und der vorausgegangenen Jahrzehnte feiert hier einen Höhepunkt. Das Werk ist
ein Seitenstück zu Feuerbachs Iphigenien, die im gleichen Jahrzehnt
(1862 und 1871) entstanden sind. Die Wiederholung gibt die Szenerie
etwas reicher und fast ebenso ergreifend bei grauer Tagesbeleuchtung.
Es folgte dann, wie oft bei Böcklin, ein Gemälde, das den vollen Gegensatz der Stimmung darstellt, die „Altrömische Weinschenke"
(Taf. 18), wo das Volk bei Wein und Tanz den Tag genießt—mit ihren
munteren Silhouetten und ihrem heiteren Kolorit.

Jetzt kommt der Künstler bewußter und mit reicherer Kenntnis
der Natur dazu, das wieder stärker zu betonen, was sich schon vor der
ersten Romreise in seinen kleinen Baseler Bildern gezeigt hatte. Freilich gehen nun Kinder der Freude und der Sehnsucht in buntem
Wechsel aus der Werkstatt hervor. Und was hier wieder aufgenommen
wird, steigert sich, stets genährt durch neue Eindrücke südlicher und
nördlicher Natur und alter Kunst, von Hauptwerk zu Hauptwerk. Es
lag auf dem Wege dieser Entwicklung, daß er ein Jahrzehnt später zu
ganz neuen Mitteln griff, um sich auszusprechen. Stimmung im Sinne
einer starken persönlichen Note hatten auch die „heroischen" Landschaften der ersten römischen Zeit. Der Böcklinsche Stil aber beginnt
in gewissem Sinne erst jetzt.

Mit dem Aufschwung trat eine Erweiterung des Stoffgebietes
ein, Böcklin ist in der Mitte der sechziger Jahre recht eigentlich zum
Figurenmaler geworden. Es entstehen 1866 noch in Rom „Die Klage
des Hirten" (Daphnis und Amaryllis, Taf. 21), bei Schack, und die er-

sten Entwürfe zur Basler Pietà (Christus und Magdalena, Taf. 22). Eine Komposition, die er im Auftrage von Schack beginnt, die Wiederholung der „Götter Griechenlands", wird jetzt vom Landschaftsbild mit Staffage zum Figurenbilde. Diese Entwicklung wurde mächtig gefördert, wenn auch nicht hervorgerufen, durch die großen Aufträge, die er in seiner Vaterstadt erhielt.

Noch in späteren Jahren redete der Künstler aufatmend von der Wonne, im großen schaffen zu können, und nun sollte er monumentale Aufträge erhalten, die auch wirklich zur Ausführung gelangt sind.

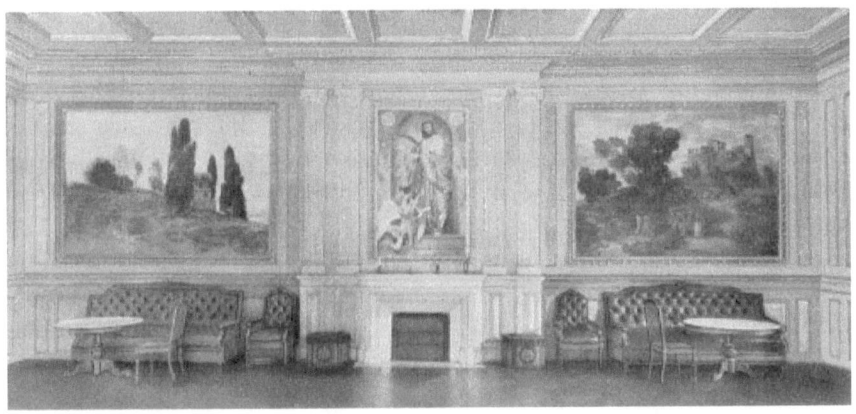

DIE FRESKEN IM SARASINSCHEN GARTENHAUS IN BASEL
1868

BASEL, MÜNCHEN 1866-1874

Durch eine Verschiebung in der Zusammensetzung der Kommission, die dem Basler Museum vorstand, waren Jakob Burckhardt und der Kupferstecher Weber vorübergehend zu entscheidendem Einfluß gelangt. Vielleicht ist Böcklin, ermuntert durch diese Wendung, im Herbst 1866 nach Basel übergesiedelt. Er hatte die Niederlagen Italiens und die große Erregung darüber im Lande noch miterlebt, sah auf der Reise nach der Schweiz in Ancona die Trümmer der italienischen Flotte im Hafen liegen und ist im September in Basel eingetroffen.

Sein Unterkommen hat Böcklin in verschiedenen Mietshäusern gefunden, zuletzt, seit Mai 1868, in einem alten Johanniterhaus am unteren Ende der Stadt, wo der Rhein die Mauern der alten Umwallung verläßt. Die Söhne konnten damals noch von den unteren Fenstern der Wohnung in den gurgelnden Wassern des Stromes nach Fischen angeln. Seit Herbst 1868 bezogen Böcklin und sein Schüler Schick dort auch ihre Ateliers. Man sah damals noch über die Fluten in grüne Gärten und Felder hinaus und darüber die ersten Anhöhen des Schwarzwaldes.

Er vollendete zunächst das Bild „Christus und Magdalena" (Taf. 22), das ihm hier und in Deutschland sehr große Anerkennung bringen sollte und sofort, zu Beginn des Jahres 1868, vom Basler Museum angekauft wurde, malte den „Petrarca", der auf der Reise nach der Schweiz gelitten hatte, noch einmal neu und führte eine zweite Umgestaltung der „Götter Griechenlands" fast zu Ende. Es ist das Bild, das sich jetzt als „Liebesfrühling" in der Sammlung Heyl befindet (Taf. 26). Damit es ihm nicht an kleinen Zuschüssen fehle, ließ einer seiner Freunde, Regierungsrat Dr. Müller, seine Mutter von ihm porträtieren und an das, mit seiner verblüffenden Naturwahrheit in seinem Werke einzigartige Bild, das der Künstler damals geschaffen hat, schlössen sich in der Tat andere Aufträge an. Im Frühjahr 1868 erhielt er dann den Auftrag, den Sarasinschen Gartensaal auszumalen.

Es war von seinen Freunden darauf gedrungen worden, ihm eine große Arbeit im Museum zu übertragen, er selber aber hatte den Wunsch geäußert, sich zuerst bei einer kleineren Arbeit im Fresko versuchen zu können. Da bot ihm ein früherer Gönner für ein anständiges Honorar diese Aufgabe an. Der Saal steht abseits vom Wohnhaus und hatte eine fensterlose Rückwand, die zum Schmuck durch Gemälde aufforderte. In der Mitte über einem Kamin ein Feld in Hochformat, zu beiden Seiten zwei ebenso hohe, etwas mehr als 3 m breite Wandflächen. Böcklin schmückte das Mittelfeld mit der Gestalt des harfenspielenden David (Taf. 23), die Seitenfelder mit zwei Landschaften, die in wirkungsvollem Gegensatz zueinander und zur Mitte standen, links die „Flucht nach Ägypten", rechts der „Gang nach Emmaus" (Taf. 24 und 25). Die Landschaften wurden im Sommer 1868 in einem Zuge und in wenigen Wochen ausgeführt und haben offenbar schon damals starken Eindruck hervorgerufen. Jetzt drangen die Freunde in der Museumskommission darauf, daß ihm auch die Ausmalung des Treppenhauses im Museumsgebäude übertragen wurde.

Dieses steht in der Nähe des Münsterplatzes; es ist 1843-1849 von
dem Architekten Berry in gräkisierendem Stile erbaut worden und hat
drei hohe Stockwerke; die beiden unteren beherbergten damals außer
der Bibliothek namentlich die Naturwissenschaftlichen Sammlungen,
das oberste die Gemäldegalerie mit den Werken Holbeins, heute auch
mit denen Böcklins. Der Meister sollte die Treppe, welche vom Erdgeschoß zum ersten Stock führt, schmücken. Diese steigt zwischen
glatten Wänden empor. Zur Aufnahme großer Bilder waren drei
Wände neben den drei Treppenpodesten geeignet. Über den Fenstern
haben Medaillons Platz gefunden. Das übrige erhielt unter Böcklins
Leitung einen farbigen Anstrich. Als Vorwurf für die Hauptbilder
wurde mit Rücksicht darauf, daß die Treppe auch zu den Naturwissenschaftlichen Sammlungen führt, für die unterste Wand eine
Personifikation der Naturkraft in Aussicht genommen, die im Proto-
koll als „Magna mater" bezeichnet wird (Taf. 28), für die oberen
Wände eine „Flora" (Taf. 29) und ein „Apollo". Im Oktober erhielt
Böcklin den Auftrag für das unterste Bild; jetzt vollendete er die Figur
des David in wenigen Tagen und ging noch Ende November, sobald
der Entwurf genehmigt war, an die Ausmalung des ersten Museums-
bildes, obwohl das Treppenhaus nicht zu heizen ist. Er hat diese Arbeit
in etwa fünf Wochen bis zum Jahresschluß vollendet.

Es war eine gewaltige Leistung. Die Wand ist ungefähr 5 m
hoch, und die Komposition enthält gegen zwanzig annähernd lebens-
große Figuren. Es bangte dem Künstler auch vor der Entscheidung,
und in den ersten Tagen der Arbeit am Fresko hat er in schlafloser
Nacht einmal das Ganze in allen Teilen vor sich gesehen. Das Bild hat
Beifall gefunden, obwohl es keineswegs die liebenswürdigste seiner
damaligen Leistungen war. Nun wurde Böcklin die Ausschmückung
der übrigen Teile des Treppenhauses übertragen. Es geschah freilich
zum großen Ärger des Präsidenten der Kunstkommission, des Holbe-
inforschers Dr. His, dem der Schaffensdrang des Künstlers als
ungeduldige Hast erschienen war, der auch keine rechte Freude an
dem Wandbild hatte und den Auftrag als unbesonnene Eile bezeich-
nete. Er sah die Tugend im Korrekten und Geleckten und hoffte durch
Hinausziehen das schöne Unternehmen zu vereiteln.

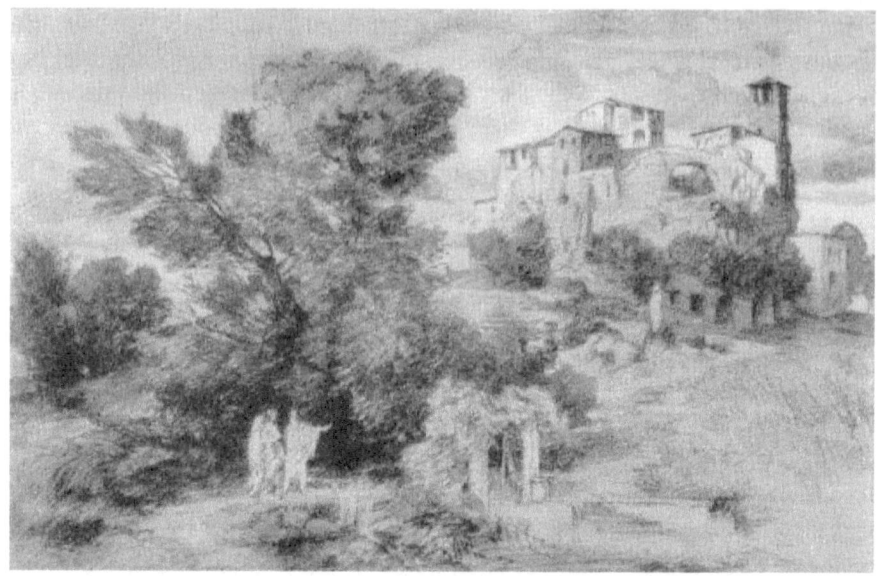

ENTWURF ZU DEM „GANG DER JÜNGER
NACH EMMAUS" (ZEICHNUNG)
MUSEUM IN DARMSTADT

Der Künstler ging nun zunächst an die Vollendung seiner ange-
fangenen Staffeleibilder, schuf die „Götter Griechenlands" noch ein
drittes Mal neu als „Frühlingsreigen", machte dann eine Reise nach
Oberitalien, um namentlich die Fresken von Correggio und Luini sich
wieder einmal anzusehen, und hat dann, sichtlich erfrischt durch die
neuen Eindrücke, die Entwürfe zu den beiden anderen Hauptbildern
ausgeführt. Aber nun waren allerhand Bedenken und Widerstände
wach geworden, und die Freunde, die Böcklin wohl wollten, suchten
leider den Gegner dadurch zu entwaffnen, daß sie dem Künstler zure-
deten, in Einzelheiten entgegenzukommen, obwohl der Widerstand
gegen den Kern der Sache ging.

Die Kritik richtete sich im besonderen gegen den Apollo. Böcklin hat hier nachgegeben, aber dies dritte Fresko dann ohne persönliche
Anteilnahme heruntergemalt, um so mehr, da es selbst während der
Arbeit nicht an Gehässigkeiten gefehlt hat. Das Kolorit freilich ist bei
den späteren Bildern wärmer und tiefer, beim Apollo vielleicht am
feinsten. Aber man sieht doch deutlich, der Feind hatte dem Künstler
die Freude gerade in dem Augenblick verdorben, als er das Fresko völ-

lig zu beherrschen anfing. Die Kommission aber, die doch mit schuld an dem Unheil war, sprach im Dezember 1869 ihr Bedauern über das dritte Bild aus, und das führte zum Bruche mit Jak. Burckhardt; denn entschieden war nur noch Weber für Böcklin eingestanden. Burckhardt hatte schon bei der in Basel entstandenen Pietà eine Unvorsichtigkeit begangen und den Maler bestimmt, dem Christus eine mildere Fassung zu geben, was dann Böcklin vor der Pietà in Colmar von Matthias Grünewald wieder bereut hat. Jetzt hatte sich der Jugendfreund schließlich auf die Seite eines Feindes gestellt. Es war ein Gegensatz der Charaktere und der Kunstanschauung, der zum Bruche führte. Burckhardt, auf seinem Gebiet ein mutiger Bahnbrecher, hatte sich seiner persönlichen Umgebung doch in manchem angepaßt. Böcklin, der alle paar Jahre seinen Wohnort wechselte, ist immer aufrecht geblieben. Auf dem Gebiete der Kunst waren beide ganz besondere Verehrer von Rubens, in dessen Lebenswerk germanisches, besser deutsches Empfinden und germanische Kultur mit romanischer eine solch wunderbare Mischung eingegangen ist. Jak. Burckhardt, der Entdecker der italienischen Renaissance, hielt es aber mit den Italienern und es war ein Kompromiß, wenn er einem Dürer und Grünewald gerecht wurde. Anders Böcklin, er fühlte sich mehr und mehr von den Ober- und Niederdeutschen des 15. und 16. Jahrhunderts angezogen. Es ist kein Zufall, daß gerade vor Grünewald der Gegensatz zu Burckhardt zuerst in die Erscheinung trat.

Aber noch eine andere kostbare Frucht des Jahres sollte das Schicksal der Museumsbilder erleben. Als der „Frühlingsreigen", die letzte und reifste Umarbeitung der „Götter Griechenlands", in München ankam, wurde sie von Schack mit Entrüstung zurückgewiesen. Ein Freilichtbild ohnegleichen in damaliger Zeit, hat es wohl nur wegen seiner Vorzüge Widerspruch gefunden. Es bildet jetzt einen Hauptschmuck der Dresdener Galerie (Taf. 27).

Böcklin wurde durch den Bruch mit Jak. Burckhardt in Basel vereinsamt und sah sich nach einem andern Wohnort um. Daß selbst der Freund, der in der kleinen Stadt selber schon wegen Künstlerideen aufgefallen war, dem Philister und Pedanten recht gab, war wohl für ihn vernichtend; die Bildnisaufträge haben von diesem Augenblicke an aufgehört und das wurde in der Familie des Künstlers dann wieder auf die Machinationen Burckhardts zurückgeführt. Sicher völlig mit Unrecht. Dieser hat weit schwerer als Böcklin unter dem Bruche gelitten, und im stillen alle die Erinnerungen an die Tage der Freundschaft aufbewahrt. Eine große Zahl von Studien und kleinen Gemälden aus den ersten Romjahren hat sich in seinem Nachlaß vorgefunden.

Der Künstler rächte sich an der Verwaltung des Museums zunächst dadurch, daß er in die Medaillons über den Fenstern, die sich neben den großen Fresken befinden, zwei Köpfe malte, die wohl mit Recht als die „verbissene" und die „dumme Kritik" aufgefaßt werden. Auch die berühmteren Fratzen an der Kunsthalle (Seite 6), die er einige Zeit später als Schlußsteine der Fenster im Erdgeschoß zum Teil selber in Stein gemeißelt hat, sind eine Künstlerrache. Sie sind zugleich eine Kritik der in der Vaterstadt Böcklins besonders gefährlichen Gewohnheit, alle wichtigen Entscheidungen durch Kommissionen treffen zu lassen, wo der Gescheitere auf die Dümmeren hört oder von ihnen überstimmt wird.

Über die monumentale Verhöhnung der eigenen Person hat man sich in den Kommissionen erst mächtig aufgeregt und den Gedanken ernstlich erwogen, dies alles zu vernichten, aber man schob auch da den mutigen Entschluß hinaus, bis endlich die zunehmende Freude der Nichtverhöhnten jeden Gedanken an eine Zerstörung der Denkmäler unmöglich machte.

Das Schlimmste war, daß der Künstler für immer die Lust an solchen Schöpfungen verloren hat, auf die eine Körperschaft einen stärkeren Einfluß gewinnen kann als auf die Entstehung eines Staffeleibildes. Es sind noch mehrmals Verhandlungen wegen monumentaler Arbeiten mit ihm angeknüpft worden. Einmal noch ist auch das Feuer der Begeisterung für eine Arbeit im großen bei ihm aufgelodert. Es war, als im Jahre 1880 das Breslauer Museum an ihn herangetreten war. Es war umsonst. Andere Anträge hat er gleich von der Hand gewiesen.

Böcklin war aber vielleicht besser als alle Zeitgenossen zu monumentalen Schöpfungen veranlagt. Er war auch vielleicht für nichts so wie für das Wandbild veranlagt und seine Entwicklung drängte seit den sechziger Jahren zum Großdekorativen hin. Eine Reihe meisterhafter Fresken über Deutschland zerstreut hätte der deutschen Malerei eine andere und höhere Entwicklung geben können und auch eine selbständigere zur Zeit, als sie der Hegemonie der Franzosen verfiel.

Den stärksten Eindruck werden von all den Basler Fresken wohl auf jeden zuerst die beiden großen Landschaften des Sarasin-schen Gartenhauses machen. Hier ist Böcklin erstaunlich groß und einfach, ohne leer zu sein. Es liegt über diesen Schöpfungen ein Zauber, der fast feierlich stimmt. Das Kolorit ist sehr zurückhaltend, aber fein. Dazwischen die Figur des David, die zugleich durch ihre Plastik, wie durch ihre festlich leuchtenden Farben in Erstaunen setzt.

Die Museumsfresken gewinnen nicht in demselben Maße schon beim ersten Anblick, aber namentlich die „Flora" enthüllt immer neue Schönheiten bei häufigerem Studium. Das Bild ist ein Hauptwerk seines Lebens, vom Höchsten und künstlerisch Feinsten, was Böcklin geschaffen hat.

Es sind hier großfigurige und großdekorative Malereien geschaffen, die nicht bei jedem Kopf und jeder Wendung an Raffael und Michelangelo erinnern, eine ganz persönliche, frische Auffassung der Natur zeigen und dennoch Stil haben.

Die ersten Basler Arbeiten, namentlich „Christus und Magdalena" und die Landschaften bei Sarasin zeigen ein sehr zurückhaltendes Kolorit. Das wird jetzt anders. Während der Arbeiten im Museum drängt es ihn zu einer kräftigeren Farbengebung, das verrät der David bei Sarasin, die „Wiesenquelle" und die beiden späteren Hauptbilder im Museum. Die Entwicklung geht weiter. Noch in Basel entstehen jene vier kleinen Bilder der Schackgalerie, in denen Freude und Grauen stärker als in allen bisherigen Schöpfungen ausgesprochen sind: „Der Mörder und die Furien", „Die Felsenschlucht" (Taf. 32), „Der Ritt des Todes" (Taf. 33) und die „Ideale Frühlingslandschaft" (Taf. 31). Die Zimmer des alten Johanniterhauses mit ihren gotischen Fenstern regten nicht zu umfangreichen Bildern an, aber fast scheint es, als ob die Arbeit im großen nun wieder das Bedürfnis hervorgerufen hätte, die gesteigerte Erregung, die ihn wie andere während der Kriegszeit ergriffen hatte, in besonders kleinem Formate zum Ausdruck zu bringen. Direkt durch die Zeitereignisse veranlaßt ist nur „Der Ritt des Todes", der Herbst 1870 begonnen worden ist. Verrät nun schon dies Bild eine weitere Steigerung der Farbigkeit, so ist dies noch mehr der Fall bei der „Idealen Frühlingslandschaft", wo uns beim ersten Anblick die Stimmung jubelnden Glückes entgegenklingt.

Herbst 1871 siedelte Böcklin nach München über. Er fand hier einen freundschaftlichen Umgang, namentlich mit einer Reihe von Eigenbrötlern, die damals noch wie er selber, halb verschrieen, halb bewundert waren, besonders mit Hans Thoma. Mit diesem pflegte er auch gerne die Alte Pinakothek zu besuchen; außer Grünewald, Holbein und Rubens begannen nun hier auch die alten Niederländer ihre stille Wirkung auszuüben, die bald von größter Bedeutung werden sollte. Der Künstler hat diese Jahre einmal als die glücklichsten seines Lebens bezeichnet. Jedenfalls zeichnen sie sich aus durch eine ganz unglaubliche Produktion an Ideen und an Werken. Im Jahre 1873 gingen zehn, zum Teil große und durchschlagende Bilder aus seiner Werkstatt hervor.

Ein charakteristisches Hauptwerk ist der „Kentaurenkampf" der Basler Galerie (Taf. 39), dem ausnahmsweise drei noch heute erhaltene farbige Versuche vorausgegangen sind. Der älteste reicht noch in die Basler Zeit zurück und ist durch den Krieg veranlaßt worden; der dritte ist Oktober 1871 in Arbeit. In immer stärkerer Konzentration und gleichzeitiger Steigerung der einzelnen Gestalten kommt der Künstler dann im Winter 1872/73 zu einer Lösung, in der sich dramatische Kraft und schimmernde Farbenpracht in unerhörter Weise vereinigen. Die Erlebnisse mit der Basler Pietà („Christus und Magdalena"), führten ihn ferner dazu, auch diesen Vorwurf noch einmal aufzunehmen, und nun dem toten Christus die Lage zu geben, die er in der früheren Komposition ursprünglich gehabt hatte. Es ist damals 1873 das Werk entstanden, das nach vielen Irrfahrten und Übermalungen endlich in der Nationalgalerie in Berlin gelandet ist (Taf. 41). Auch die „Venus Anadyomene" hat er wieder aufgenommen (Taf. 38). In allen diesen Werken zeigt die Münchner Lösung ein anderes, weit kräftigeres Kolorit als die der Basler Zeit, und die Berliner Pietà hat wegen ihrer starken Farben auf der Wiener Ausstellung große Entrüstung hervorgerufen.

In dieser Zeit der stärksten Produktion hat sich auch der Stoffkreis erweitert. Es entsteht mit der Meeresidylle „Triton und Nereide" der Schackgalerie (Taf. 45) die erste der langen Folge von Darstellungen, wo in der Schilderung von Tritonen und Najaden die See mit ihren Wundern verherrlicht wird. Die Nymphen und Satyrn seiner Jugendjahre waren nicht viel mehr als Staffage gewesen; jetzt kommt es ihm darauf an, „den Ausdruck der Figuren mit dem der Umgebung so vollständig in Einklang zu bringen, daß jedes der Ausdruck des andern zu sein scheint". Es treten auch die Darstellungen aus Orlando furioso zuerst in München auf, und angeregt durch dies Heldengedicht sind gleich eine ganze Reihe von farbenprächtigen und humorvollen Schöpfungen, als kleinere Gaben der Muse neben den großen Hauptwerken entstanden. Zum Schluß war es ihm noch vergönnt, auch ein Wandbild, wenn auch auf Leinwand und für einen Privatraum, in diesem Zeitraum zu schaffen, das herrliche Gemälde „Ceres und Bacchus", im Münchner Privatbesitz (Taf. 47).

Dieser Höhepunkt seiner Tätigkeit in München bedeutete auch eine Wandlung. Die entschlossene Abkehr von der impressionistischen Darstellung der Welt und die Steigerung des Ausdrucks in Farbe und Form. Jetzt kommt er zur Überzeugung, „daß aus der Kontrastierung der möglichst ungebrochenen, durch die Luft ungedämpften Farben Wirkungen erwachsen, die man mit allen Künsten der Luftmalerei nicht erzielt. Und zwar Wirkungen auf die menschliche Seele".

Es hat offenbar Böcklin in München manches zugesagt. Der ausgelassene Ton in der Münchner „Allotria", die reizvolle Umgebung, die Schätze der Alten Pinakothek. Aber im Frühjahr 1874 schrieb er plötzlich einem Freunde, München sei ein armseliger Ort für Künstler und ebenso für die Familie, und im Herbst siedelte er nach Florenz über. Gesehnt hat er sich schon lange wieder nach Italien. Vielleicht hatte der endgültige Bruch mit Lenbach, der 1873 erfolgt war, dazu beigetragen, ihm die Stadt zu verleiden und sicher auch Typhus und die Cholera, die im Frühjahr 1874 als eines ihrer letzten Opfer noch Wilhelm von Kaulbach weggerafft hat.

FLORENZ 1874-1885

In Florenz hat Böcklin vom Herbst 1874 bis April 1885 gelebt. Der denkwürdige Aufenthalt umfaßte sein 48. bis 57. Lebensjahr und reifte den Stil der Toteninseln und Heiligen Haine. Sein Atelier hatte er seit Ende 1876 am Lungo Mugnone im ersten Stocke des Atelierhauses von Wladimir von Svertschkoff, nachdem er zuerst einige Zeit in der Nähe in einem Nebengebäude seiner Wohnung in der Villa Falcini mit einem zu kleinen Raume hatte vorliebnehmen müssen. Seine

Schüler waren schon vor ihm bei Svertschkoff eingezogen. Dieser, eine der sympathischsten Gestalten, die mit Böcklin in Berührung gekommen sind, war ein russischer Grandseigneur, der seine reichen Einkünfte dazu verwendete, anderen Gutes zu tun und sich selbst zu beschäftigen. Sein Haus stand in einem besonders reinlichen, modernen Viertel am Rande der Stadt und sah über den Mugnone und seine Talsenkung hinweg, gegen den Apennin. Von den Fenstern schweift nach links der Blick in das Arnotal hinaus, gegenüber befinden sich sanft ansteigende Höhen mit Gärten, aus denen weiße Häuser blinken, und dahinter der rote Monte Morello, gegen rechts hin die Höhen von Fiesole. Der „Frühlingstag" in Berlin (Taf. 71) atmet am meisten von der Stimmung dieses klassischen Erdenwinkels, obwohl die einzelnen Motive dieses Bildes natürlich von überall her genommen sind. Im Hintergrunde soll aber auch der Besitzer des Atelierhauses in dem alten Herrn abgebildet sein. Eine Erinnerung an den Monte Morello und die Wolken, die um seinen Gipfel streiften, scheint im „Prometheus" und im „Gotenzug" fortzuleben. Das Haus ist längst in andere Hände übergegangen, steht aber noch heute.

Es versammelte sich in Florenz nun sofort eine Reihe von jungen Männern, die bereits über die eigentlichen Studienjahre hinaus waren, um den Meister. Hans Sandreuter und Adolf Preiswerk aus Basel, Victor Zur Helle und Louis Skene aus Wien, für kurze Zeit auch Hugo von Tschudi, der spätere Direktor der Nationalgalerie in Berlin, ferner Alb. Schmitt in Weimar und Karl von Pidoll. Dazu kamen die älteren Söhne Arnold und Hans, die in diesen Jahren (1877 und 1883) ins zwanzigste Jahr traten und sich ebenfalls der Malerei widmeten und der Bildhauer Peter Bruckmann, der 1876 die älteste Tochter heimgeführt hat. Außerdem ist auch Ad. Bayersdorfer, der spätere Konservator der Alten Pinakothek, mit von München nach Florenz gekommen. Ohne Böcklins Schüler zu sein, gehörte dem Kreise auch Albert Lang an, der Bruckmann in die Familie Böcklins eingeführt hat, und Hans von Marées. Mit diesem hat Böcklin in den ersten Florentiner Monaten Freundschaft geschlossen. Marées ist dann freilich schon Herbst 1875 nach Rom übergesiedelt. Seit 1879 kam auch der Schriftsteller und Biograph Böcklins, Gust. Flörke, nach Florenz. Ad. Hildebrand erschien gelegentlich, wenn auch seltener, in der Gesellschaft. Der Verkehr teilte sich hauptsächlich zwischen Atelier und Weinkneipe. Anfangs traf man sich an den Samstagen auch in den Räumen des ehemaligen Klosters San Francesco di Paolo, wo damals Hans von Marées wohnte. Außerdem hat Frau Böcklin ein offenes

Haus gehalten auch in Zeiten, wo es nicht gerade glänzend ging und Weihnachten und Silvester sahen die Schüler nicht nur die Familie im Hause des Meisters versammelt. Böcklin machte alle Wochen oder seltener einen kurzen Besuch in der Werkstatt derer, die sich zu seinen Schülern zählten. Noch wichtiger waren die Männergespräche beim Symposion. Bei der Erinnerung an jene Gesellschaften ging noch in den letzten Monaten ein Freudenschimmer über das Antlitz des Meisters, so ablehnend er sich auch sonst über bildende Künstler ausgedrückt hat, und noch lange lebten bei den jüngeren die Geschichten fort, die sich unter homerischem Gelächter an der Tafelrunde abgespielt hatten. Mit atemloser Spannung aber auch wieder hörte, wie Zur Helle erzählte, die Gesellschaft zu, wenn Böcklin und Marées ihre Gedanken austauschten. Die Männer dieses Kreises waren auch die Begleiter bei der Erholung in Ischia, Viareggio und San Terenzo im Golf von Spezia, die Gefährten bei waghalsigen und abenteuerlichen Fahrten im Tyrrhenischen Meer und die Gehilfen bei den Versuchen zur Bezwingung der Luft.

Je näher aber Marées seinem Ziele kam, desto mehr unterschied sich seine Kunst von der des älteren Freundes. Den entscheidenden Unterschied hat er selbst in dem Tadel ausgesprochen, Böcklin gehe von der Erscheinung aus und beginne also mit dem, was seiner Ansicht nach das letzte sein sollte. Wenn Böcklin einen Mann im Spiele des Sonnenlichts und der wechselnden Schatten eine Straße herunterkommen sah, so konnte das seine gespannteste Aufmerksamkeit erregen, als ob er auf den Impressionismus eingeschworen gewesen wäre. Marées zuckte die Achseln: „Ein Mann in rotem Rock." Ein Blumenstrauß, ein blauer Farbstoff konnte Böcklin in Begeisterung versetzen, und er berichtet in seinen Briefen den Freunden vom Erwachen der Blumen, die jeder Frühling brachte und begrüßte den Tag, der ihm neue Anregungen gab. Er war auch ein Grübler und hatte sich wohl überlegt, was er in seiner Kunst erreichen wollte, warum er es wollte und wie das zu erzielen war, aber er war kein Philosoph. Marées hatte die philosophische Ader. Er krankte sogar, wie uns scheinen will, an dem Glauben, alles mit dem Verstande erfassen zu können, und er sah die Blumen nicht, die an seinem Wege blühten. Aber seine Theorien machten Schule und mehrere Schüler Böcklins, wie Karl von Pidoll, Victor Zur Helle und selbst der Schwiegersohn haben sich im Verlauf dieser Jahre enger an Marées angeschlossen und sind zu diesem nach Rom übergesiedelt. Indessen blieben Schüler und Meister dem Älteren in freundschaftlicher Hochachtung zugetan. Immer wieder betont Marées die Echtheit des Menschen und Künstlers in Böcklin. Er kam mit Pidoll 1878 von Rom, um mit den Florentiner Freunden dessen silberne Hochzeit zu feiern. Als Böcklin im Sommer 1879 durch Bäder auf Ischia einen schmerzhaften Gelenkrheumatismus auskurieren wollte und nach geistiger Anregung verlangte, begleitete ihn Marées dorthin, wie er auch später noch seine Freundschaft bekundete.

Im nächsten Sommer kam Albert Schmitt nach Ischia mit. Die Kur hat damals dauernd geholfen. Es erwartete die beiden aber noch ein ganz besonderer Genuß. Geheimrat Dohrn, der Direktor des Deutschen Zoologischen Instituts, lud sie ein, mit seinem Boote die Ponzainseln zu besuchen, jene einsamen, aus Felskratern bestehenden Eilande, westlich vom Golf von Neapel und im Süden von Terracina, die auch heute wieder wie in spätrömischer Zeit zur Internierung von Sträflingen benützt werden. Böcklin fand da Motive, die in den „Ruinen am Meer", den Tritonenbildern und wohl auch in den späteren Toteninseln verwertet wurden. Er fand da auch einen Schiffer, der erzählte, daß die Sirenen und Najaden wohl früher da gehaust, aber sich jetzt wegen des zunehmenden Verkehrs in entlegenere Gebiete zurückgezogen hätten. In Wirklichkeit sind die Damen des engsten Bekanntenkreises und die Freunde Böcklins zwischen den Klippen von Ischia dem Maler zu Najaden, Tritonen und Seekentauren Modell geschwommen. In San Terenzo im Golf von Spezia aber fand er auch einen echten, wenn auch damals schon emeritierten Seeräuber, der einst wie die Sarazenen seiner eigenen Bilder auf Frauenraub ausgegangen war, jetzt aber ihn friedlich auf den blauen Wogen um die Kastelle im Golf von Spezia herumfuhr, in denen man unschwer die Vorbilder zu überfallenen Burgen und zu Ruinen am Meer erkennen kann.

Fast der ganze Kreis von Schülern und Freunden aber half im Juli 1882 und nochmals im Juli 1883 die gewaltigen Flugzeuge aus Bambusstäben und Leinwand erbauen, die nach langjährigen Studien die Ideen des Malers über Vogelflug und Menschenflug in die Tat umsetzen sollten. Das erstemal war auch Hans von Marées dabei, und damals kampierte man wochenlang im Freien auf einer Anhöhe hinter Vigliano im Westen von Florenz, wo die Probefahrten gemacht werden sollten. Die Flugzeuge sind beidemal freilich unmittelbar vor dem entscheidenden Aufstieg durch das unvorhergesehene Walten des Windes zertrümmert worden und Böcklin versuchte es von Stund an mit technisch geschulten Kräften auf dem Tempelhofer Felde bei Berlin. Aber die Versuche waren eine an ergötzlichen Zwischenfällen besonders reiche Episode in dem an tollen Ereignissen ohnehin schon reichen Leben dieser Männergesellschaft.

Die finanziellen Verhältnisse haben sich in diesen Jahren für immer gebessert. Freilich müssen um Weihnachten 1875 noch einmal die letzten Mittel der Familie auf die Neige gegangen sein. In einem Briefe an einen Basler Freund vom Dezember findet sich die Hoffnung ausgesprochen, „auch diese schwere Zeit zu überstehen". Einmal hat Svertschkoff ausgeholfen, indem er den Entwurf zu einem Glasgemälde bestellte, das er binnen wenigen Tagen zu brauchen vorgab, eine Arbeit, die dann gleich bar bezahlt wurde. Ein andermal soll ihm ein Bankier unerwarteterweise ausgeholfen haben. Einige Monate später aber, Frühjahr 1876, lehnt Böcklin einen zweiten Ruf nach Weimar ab, im Sommer kauft Basel den „Kentaurenkampf", und wenigstens die Sorge um das tägliche Brot scheint nun von seiner Schwelle gewichen zu sein. Schack hat allerdings schon 1874 sein letztes Bild, „Triton und Nereide" (Taf. 46) von Böcklin erworben, aber es stellten sich jetzt eine Anzahl anderer deutscher Privatleute und die Museen von Berlin und Breslau ein. Im September 1877 gab die Nationalgalerie die „Gefilde der Seligen" in Auftrag, nachdem schon seit 1875 Verhandlungen über den Ankauf eines großen Werkes vorangegangen waren. Schon Jordan hatte volles Verständnis für Böcklin, so sehr er später gerade wegen seines Verhaltens gegen unsern Künstler geschmäht worden ist. In dieser Zeit hat ferner ein Berliner Händler in der Hoffnung auf die große Zukunft des Künstlers begonnen, fast dessen ganze Produktion aufzukaufen und den Vertrieb im großen zu übernehmen. Dezember 1878 berichtet Hans von Marées, daß Böcklin gute Geschäfte gemacht habe. Es folgte 1880 der Ankauf eines Tafelbildes (Heiligtum des Herakles) und die Bestellung für die Fresken des Treppenhauses von Seiten des Breslauer Museums. Ein recht freundschaftliches Verhältnis hat aber mit Frau Grunelius, die ihren Aufenthalt zwischen Rom und Baden-Baden teilte, mit Frau von Guaita in Frankfurt und deren Freundin, Frau Berna, späteren Gräfin Oriola, bestanden. Endlich hat 1879 Alexander Günther, der auch aus Frankfurt stammte, und lange Zeit in Fasano am Gardasee gewohnt hat, eine größere Zahl von Gemälden und wie es scheint, fast den ganzen Vorrat der im Atelier vorhandenen, aus drei Jahrzehnten stammenden Studien und Entwürfe erworben. Ein Teil der Zeichnungen ist durch Stiftung des Freiherrn von Heyl in die Darmstädter

Galerie gelangt. Die Besserung der Verhältnisse erlaubte die regelmäßigen Sommeraufenthalte am Meere und die Erbauung der Flugzeuge. Der Künstler empfand auch das Verhalten des Berliner Kunsthändlers vorerst noch als Erleichterung. Aber er arbeitete, wenn Krankheit oder die Glut des Hochsommers ihn nicht hinderten, jahraus jahrein und Tag für Tag immer im Gefühl, ökonomisch zurück zu sein; die Familie war zahlreich, die Söhne wuchsen heran. Der Händler berechnete den Jahresverbrauch und richtete danach seine Zahlungen ein, in der Meinung, man dürfe den Künstler nicht zu Atem kommen lassen. Unter solchen Umständen verließen die Werke dieser Jahre, die Böcklin unsterblich machen sollten, das Atelier.

Es zeigt die unerschöpfliche Kraft und die Echtheit des Künstlertums, daß Böcklin trotzdem vorwärtsgeschritten ist und Ungewohntes schuf, das Bedenken erregte, statt das Anerkannte und Bewunderte in gefälligen Variationen zu wiederholen.

Die größere künstlerische Erfahrung und die andere Grundstimmung der höheren Jahre verlangten freilich einen neuen Stil und die andere Umgebung gab diesem noch ihr besonderes Gepräge. Der Charakter der florentinischen Landschaft, der neapolitanischen Küste, die er jetzt mit Vorliebe aufsuchte und die Kunst, die er in Florenz vorfand, dies alles hat seine Spuren hinterlassen. Nach Bayersdorfers Zeugnis hat ihn der „Frühling" von Botticelli lange beschäftigt und man sieht auch die Nachwirkung dieser Studien in der „Poesie und Malerei" (Taf. 67), wo die Figuren wie dort hell vor dunklem Laube stehn. Vor allem aber wendet Böcklin sich jetzt dem Studium der Kunst und der Technik der alten Oberdeutschen und besonders der Niederländer des 15. und 16. Jahrhunderts zu, die ja in Florenz recht gut vertreten sind. Die Hauptsache war, er hatte anderes zu sagen, seine Ausdrucksfähigkeit hatte die Reife erlangt. Jetzt erst recht isoliert sich sein Stil und es gehen Landschaftsbilder aus seinem Geiste hervor, die ohnegleichen dastehen im ganzen Verlauf der Geschichte.

Die Stimmung ist die eines ungebrochenen, zur Melancholie geneigten, aber kraftvollen und reifen Mannes. Die Freude wird lauter, an Stelle der Sehnsucht tritt die Resignation. An Stelle der Villen am Meer mit der trauernden Frau, die in der Hoffnung auf die Wiederkehr des Geliebten sich verzehrt, treten die Ruinen am Meer und die Toteninseln, und Sehnsucht wie Hoffnung macht dem Sichbescheiden mit dem Lose alles Irdischen Platz.

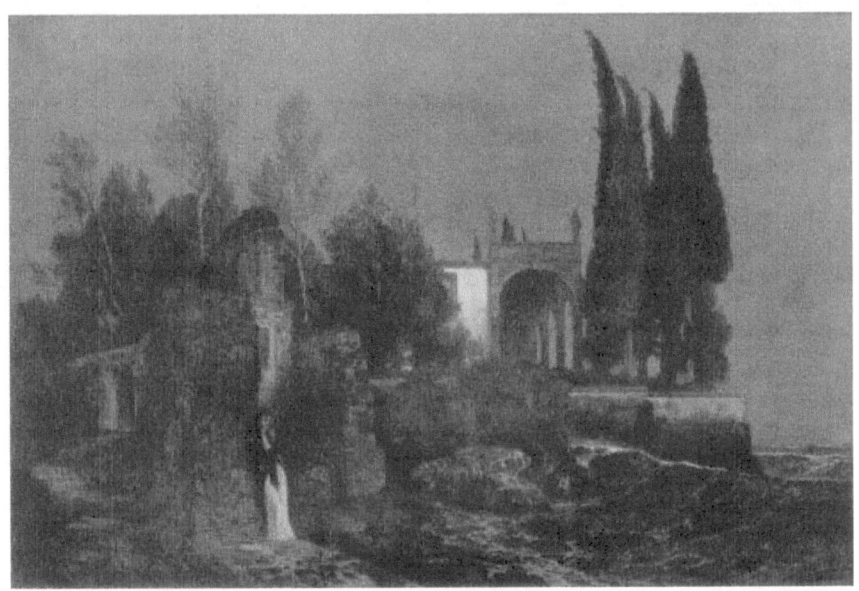

VILLA AM MEER
1877, STUTTGART

Es steigert sich zugleich die Ausdrucksfähigkeit der Farbe, was in den achtziger Jahren besonders aufgefallen ist, es steigert sich die Ausdrucksfähigkeit von Linie und Form und es steigert sich die Tiefenwirkung. Böcklin erzielt die Steigerung zunächst durch die Vereinfachung. Auf recht vieles, was noch die Gemälde der Schackgalerie bis in alle Einzelheiten so reizvoll macht, wird jetzt verzichtet. Wo er eine „Geschichte" darstellen will, ringt er, wie schon aus seinen Briefen ersichtlich ist, danach, das Psychologische auf den ersten Blick deutlich zu machen. Hat er früher noch zu raten gegeben, vielleicht absichtlich mit jenen Vorstellungen gerechnet, die der Beschauer weiterspinnt, so beschränkt er sich jetzt bewußt auf das, was sichtbar vorgestellt, in einem großdekorativ angelegten Gemälde enthalten sein kann. Die Erzählung wird aber nicht nur mit dramatischer Deutlichkeit vorgeführt. Böcklin liebt es, sie auf wenige Figuren zu reduzieren. Das klassische Beispiel ist die Gestalt des „Abenteurers", die am einsamen Strande wie ein Reiterstandbild in die blaue Luft ragt und vom kühnsten Wagemut erzählt (Taf. 62).

Er kommt wie etwa die Meister der attischen Grabreliefs zu dem Grundsatze, einen künstlerischen Gedanken auf wenige Elemente zu reduzieren, diese Elemente, seien es nun menschliche Gestalten, Felsen oder Bäume, so zu vereinfachen, daß sich die Silhouetten in wenigen ausdrucksvollen Linien vom Hintergrunde abheben, dafür aber das wenige um so liebevoller durchzuführen und um so sorgfältiger gegeneinander abzuwägen. Er gratuliert ganz begeistert Hans von Marées 1879 zu den „Lebensaltern", weil er alles, was nicht zum Zweck führe, beiseite geschoben habe. Wenige Figuren, wenige im einzelnen fein differenzierte Farbentöne, Farbenkontraste, wenige scharf ausgesprochene, oft horizontale und vertikale, Linien beherrschen allmählich die Bildfläche allein und geben schon für den ersten Anblick die Gesamtwirkung. Die Farbe wird im schroffsten Gegensatz zur Kunst jener Tage, wo das „graue Freilicht" in Deutschland aufkam, vereinfacht. Während der Impressionismus starken Kontrasten nicht hold ist und die Tendenz hat, die Zwischenstufen ins Unendliche zu bereichern, bevorzugt Böcklin die stärksten Gegensätze von Hell und Dunkel, von leuchtenden, fast ungebrochenen Farben. Die Zwischenstufen werden eher weniger zahlreich. Die Intervalle werden größer. Dagegen pflegt er dann wieder die einzelnen Töne, die das Bild bestimmen, sei es das Dunkel einer fast schwarzen Felswand oder wieder das lichte Blau einer Luft oder das Gelb einer hellen Mauer, durch feinste Nuancierungen zu vergeistigen und lebendig zu machen.

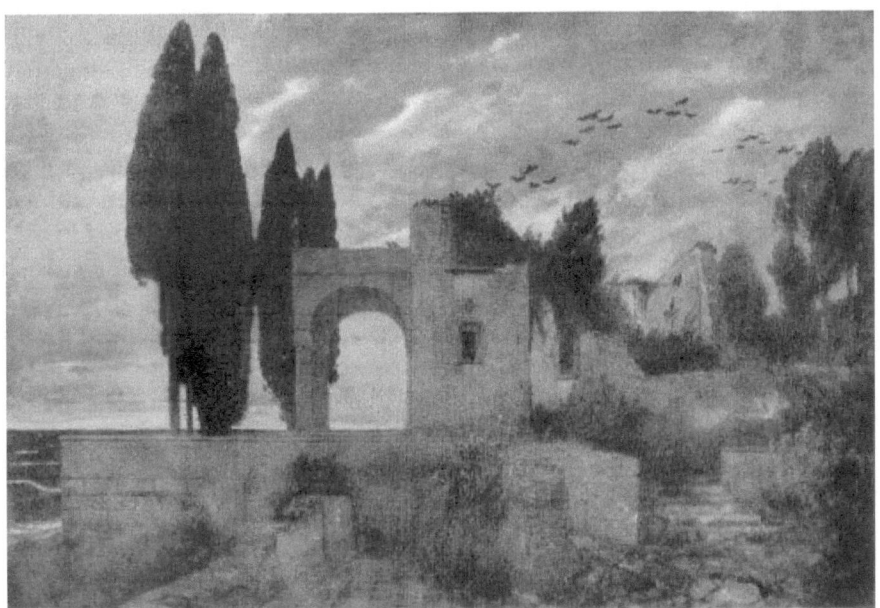

VILLA AM MEER
1878-80, DARMSTADT

Steigert er durch das alles den Ausdruck, die Stimmung, so steigert er damit auch wieder die Tiefenwirkung. Die Gestalten, die durch ihre Silhouetten eine so deutliche Sprache reden, die feierlichen Akkorde der Farben, die den Beschauer ergreifen und gefangennehmen, dienen zugleich dazu, den Raum zurückzuschieben, wenn auch Böcklins Farbenperspektiven jetzt ebensowenig wie seine Tritonen und Najaden der Natur entsprechen. Was früher nebeneinander ausgebreitet war, ist jetzt hintereinander geschoben. Von den zerfallenen Mauern seiner „Ruinen am Meer" sieht man jetzt gegen die Tiefe zu auf die herankommenden Wogen herab, während das Auge bei den Villen am Meer noch von links an den Zeugnissen verwelkender Pracht vorbei nach rechts zum Meereshorizont hinübergeführt wird. Die Komposition wird dramatisch, wie die Stimmung tragischer wird.

Die Entwürfe auf Papier, die der Malerei auf der Bildtafel vorausgehen, macht Böcklin statt mit der Feder oder Kreide jetzt plötzlich und fast ausnahmslos mit Tusch und mit breiten Pinselstrichen, die die Lichtführung des geplanten Werkes wiedergeben. Zur Ausführung verwendet er aber seit München nur noch Firnisfarben oder Tempera. Die neuen technischen Verfahren kamen einmal seinem Bedürfnis nach transparenter Leuchtkraft der Farben entgegen. Aber Tempera ist auch dünnflüssig, fast wie die Tusche, die er jetzt in den Entwürfen verwendete, und so erlaubte sie auch die von Böcklin erstrebte Durchführung in alle Einzelheiten. Denn wenn die großen Kontraste von Hell und Dunkel und von intensiven Farben einmal feststanden, wollte er die einzelnen Töne fast wie zeichnend bis in alle Eigenarten der Form von Baum und Fels und alle Abstufungen der Ferne ausarbeiten können. Sein Ideal wäre es gewesen, alle Kraft und Liebe auf ein einziges Meisterwerk zu verwenden und seine Freude war jetzt statt der Leinwand die glatte, weißgrundierte Holztafel. Der Händler wußte, daß der Schöpfer der Versuchung nur sehr schwer widerstehen konnte, eine solche Tafel nicht zum Bilde umzugestalten, wenn sie von kundiger Hand gefügt und gut grundiert ihm frei ins Haus geliefert wurde und suchte dies zu seinem Vorteil auszunützen.

Die frühesten Werke der Florentiner Zeit unterscheiden sich oft sehr von den farbenfrohen Gemälden der vorausgegangenen Jahre und fallen auf durch ein, wenn auch eindrucksvolles, so doch tief gestimmtes Kolorit. Die Schatten sind dunkler geworden, das leuchtende Rot verschwindet fast ganz, Braunrot, Braun, Gelb und Grün und ein lichtes Blaugrau sind die Farben, die oft den Eindruck bestimmen. Das Rot wird nur spärlich und fast nur in gebrochenen Tönen verwendet. Allem Anschein nach sind mehrere Werke außerdem noch wegen eines Malmittels, das Böcklin damals verwendete und später wieder aufgab, nachgedunkelt. Um 1880 tritt die Vorliebe für ein leuchtendes Ultramarin auf und auch die feurigen Töne treten etwas mehr und öfter in ihr altes Recht.

In den ersten Monaten des Aufenthaltes hat zunächst das Bild der Schackgalerie „Triton und Nereide" eine großartigere Umgestaltung in größerem Formate in dem ähnlichen Gemälde der Nationalgalerie in Berlin erhalten (Taf. 45 und 46). Das spätere Bild, schon auffallend herb im Kolorit, ist eine der größten und vollendetsten Schöpfungen des ganzen Lebens geblieben. Deutlicher tritt das Neue, das sich anbahnt, in einem kleineren Werke, der herrlichen Einzelfigur der „Klio" hervor (Taf. 49). Im folgenden Jahre wurde ein anderer, schon in München behandelter Vorwurf, die Klage um den Leichnam Christi, noch einmal aufgenommen und in der figurenreichen „Kreuzabnahme" ins Größere und Gewaltigere gesteigert (Taf. 51). Jetzt erhält auch ein noch älteres Motiv die entscheidende

Umgestaltung. Die Villen und Burgen auf den Vorgebirgen der ligurischen Felsküste, dicht an den brandenden Fluten des Meeres, ausgestattet mit allen Herrlichkeiten der südlichen Vegetation und Kultur, aber einst beständig bedroht von den Barbaren Afrikas, das war einer der stärksten Eindrücke, die der Romantiker und der Binnenländer in seiner Jugend erhalten hatte, als er nach dem Süden kam, vielleicht der stärkste seines ganzen Lebens. Diesen Eindruck hat er in immer neuen Variationen behandelt. Jetzt gibt er der „Villa am Meer", wie wir sie bei Schack in zwei Variationen sehen, zunächst in zwei neuen Fassungen (in Stuttgart und Zürich) eine leichte, aber in charakteristischer Weise veränderte Gestalt, die Villa wird dann in einem dritten Bilde zur Ruine einer Villa, der Ausblick kommt auf die linke Seite des Bildes und man sieht den Meereshorizont über der Terrasse zwischen den Säulen des Hauses. An diese Schöpfung sollten sich dann seit 1880 die bekannteren Ruinen von Burgen am Meer schließen (Taf. 15, 16, Textabbildungen S. 40, 41 u. 43, Taf. 68).

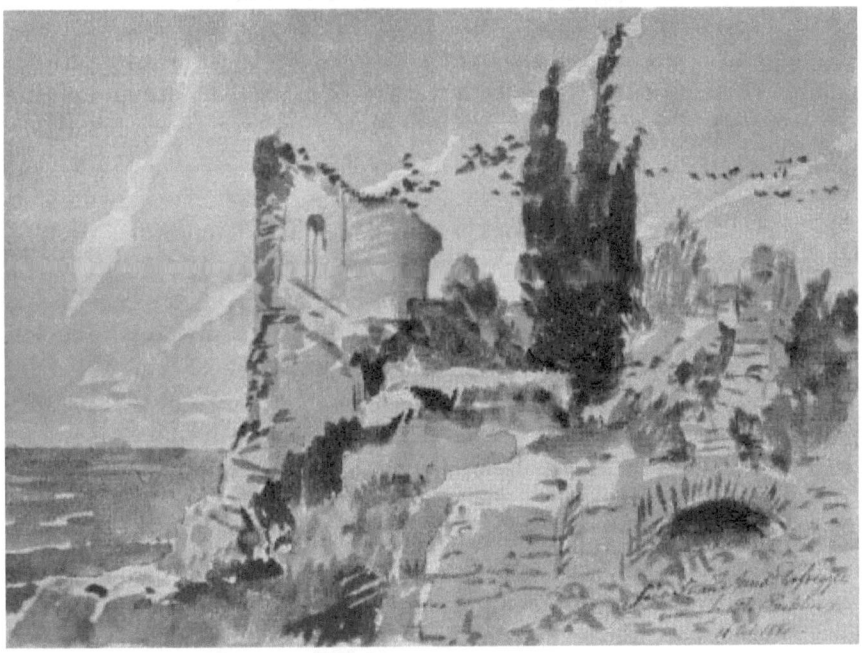

RUINE AM MEER
1880, MÜNCHEN, BEI DEFREGGER

Es entsteht 1878 das Hauptwerk „Gefilde der Seligen" (Taf. 53), das einst wegen der scharf ausgesprochenen Vertikalen (bei den Hälsen der Schwäne) Widerspruch gefunden hat, und im folgenden Jahre die „Meeresbrandung" (Taf. 55) und der „Frühlingsabend" (Taf. 56). Zu dem Bilde der Nationalgalerie ist die Skizze von 1877, zu den anderen sind Vorstufen erhalten, die ebenfalls kurz vorher entstanden sein müssen. Auch hier wie bei der Neugestaltung weit zurückliegender Schöpfungen erweist es sich, daß die bewegteren Silhouetten der ersten Fassungen, auch wenn sie uns natürlicher erschienen wären, beim Weiterschreiten der Arbeit und beim Ausreifen des Werkes stets vereinfacht wurden. Die Kontraste werden verstärkt und die ganze Komposition erscheint zum Schlusse straffer zusammengezogen.

In klassischer Form ist das Neue aber in den „Toteninseln" ausgesprochen, die dem folgenden Jahre ihre Entstehung verdanken. Den Gedanken mag Böcklin schon längere Zeit mit sich herumgetragen haben, ausgelöst wurde die schöpferische Tat durch eine Bestellung. Frau Berna, die spätere Gräfin Oriola, kam im April des Jahres 1880 auf einer Reise nach Rom in Böcklins Atelier, um ein Bild zu bestellen. Dieser dachte zuerst an etwas Heiteres, einen Kinderreigen. Frau Berna wollte aber eine Landschaft, „etwas zum Träumen".

Böcklin ging dann an den ganz anders gearteten Stoff, offenbar nicht ohne daß dabei die Teilnahme an dem Schicksale der Bestellerin mitgespielt hätte. Sie hatte, noch sehr jung, nach kurzer glücklicher Ehe einen jungen Gemahl plötzlich verloren. Im Gemälde ist die Gattin dargestellt, die den geliebten Mann zur letzten Ruhe führt. Als Frau Berna im Mai von Rom zurückkam, standen die zwei frühsten Fassungen im Atelier. Die erste hatte Böcklin zurückgestellt und er malte an der zweiten und bemerkte dabei, hier habe sie etwas zum Träumen, es müsse so still wirken, daß man erschrecke, wenn man anklopfe. Es fehlte noch der Kahn und etwas Kraft in den Tönen. Das Gemälde für Frau Berna ist Ende Juni an die Bestellerin abgeschickt worden. Böcklin ging darauf sofort nach Ischia, und damals fand dann der an fruchtbaren Eindrücken so reiche Ausflug nach den Ponzainseln statt. Dieser zweite Aufenthalt in Ischia fand aber ein jähes Ende. Bei der Rückkehr von einer kleinen Fahrt stand der Depeschenbote am Ufer, der die Nachricht von der tödlichen Krankheit von Böcklins Vater brachte. Als der Künstler wieder nach Florenz zurückgekehrt war, vollendete er nun auch die erste Fassung, die sich jetzt in Basel befindet.

Das Motiv der Toteninseln stammt, wie der Sohn Carlo Böcklin überzeugend nachgewiesen und Böcklin selbst gelegentlich gestanden
haben soll, von Ischia. In der ersten Fassung ist die Ähnlichkeit mit
der der Stadt Ischia vorgelagerten Felseninsel, die das Kastell Alfon-
sos V. trägt, auch nicht zu verkennen; nur sind die gewaltigen
Unterbauten des mittelalterlichen Kastells zu Mauern von wenigen
Metern Höhe geworden. Es hat also der Aufenthalt von 1879 mit
Marées hier seine Früchte getragen. Die eigentümliche Beleuchtung,
die den beiden ersten Fassungen gemein ist und von den späteren
Wiederholungen scharf absticht, ist dieselbe wie in der „Grablegung"
von 1876. Es ist nach Sonnenuntergang. Der Widerschein des wes-
tlichen Himmels erhellt noch die weißen Mauern und hellen Felsen,
während die tieferen Lokaltöne und der Osthimmel hinter der Insel
längst im Dunkel versunken sind—ähnlich wie das beim Alpenglühen
der Fall ist. Bei der „Toteninsel" ist schon der Vorwurf aus dem neuen
Stilgefühl geboren und das gibt der Schöpfung ihre ungeheure Wucht.
Die stark ausgeprägten Vertikalen und Horizontalen wirken durch die
Symmetrie des Aufbaues noch besonders wuchtig. „Das Symmetrische
ist entweder langweilig oder feierlich", sagte Böcklin einmal dem Verfasser. Es wirkt hier feierlich und ist mächtig unterstützt durch den
Vierklang der Farbentöne, die das Bild beherrschen. Ein neuer Weg ist
hier in der Landschaftsmalerei beschritten. Die Leistungen des 17. und
19. Jahrhunderts bieten kaum Analogien zu den Stimmungen, die hier
angeschlagen, den Wirkungen, die erreicht sind. Die erhabene Feier-
lichkeit, die diese Schöpfung auszeichnet, ist selten in der modernen
Kunst. Der moderne Mensch genießt sie am ehesten noch in ägyp-
tischen Tempeln und gotischen Kathedralen und etwa noch in
Gartenanlagen der Barockzeit.

Böcklins Florentiner Stil hätte das Höchste aber wohl erst in
großem Maßstabe hergegeben. Es klingt deshalb wie ein Hohn auf
jegliche staatliche Kunstpflege, daß von dem kunstverständigen Direktor Berg am Breslauer Museum gerade im Jahre 1880 der Versuch
gemacht worden ist, den Meister für eine monumentale Arbeit, die
Ausmalung des Treppenhauses, zu gewinnen, und daß dieser Versuch
mißraten ist. Im Frühjahr 1881 arbeitet Böcklin an den Entwürfen für
die eine Wand; er wurde selber warm dabei, hoffte auch auf eine entscheidende Wendung in seinen äußeren Verhältnissen. Herbst 1882
hatte er, wie es scheint, noch die Absicht, sich den Einwänden der
Landeskunstkommission, die beigezogen werden mußte, zu fügen,
dann aber ließ er jede Anfrage in dieser Sache unbeantwortet. Er für-

chtete offenbar, daß seine künstlerische Phantasie unter neuen Einwänden und Konzessionen schließlich erlahmen und daß ihm ein
weiterer Briefwechsel die Stimmung auch zu anderer Arbeit rauben
werde. Er zog das Staffeleibild von nun an für immer vor, nicht weil es
ihm besser lag, sondern weil die Kritik hier in der Regel erst nach der
Vollendung einsetzte.

Nachdem eine Lösung wie die der „Toteninsel" gefunden war,
gingen in rascher Folge vier Jahre lang wenigstens von Staffeleibildern
eine ganze Reihe, großer wie kleiner, mit den auffallenden Merkmalen
dieser klassischen Zeit aus der Werkstatt hervor. Im Herbst 1880 entstanden, angeregt durch die Argonautenfahrt des Sommers, noch die
erste „Ruine am Meer" (die Vorstufe von Taf. 68) und die „Tritonenfamilie" (Taf. 57). Wie öfters bei Böcklin, löste dann auch die
„Toteninsel" ein Bild aus, das in der allgemeinen Anlage verwandt,
dessen Stimmung aber im vollen Gegensatz zu diesem Werke steht. Es
ist das der „Sommertag", das Bild des hellsten Tageslichtes und der
wärmsten Sonnenglut, August 1881 entstanden (Taf. 61). Ein Seitenstück zur „Toteninsel" ganz anderer Art bildet der „Heilige Hain",
dessen erste Fassung (Tafel 65) im Frühjahr 1882 vollendet wurde.
Hier ist noch einmal mit symmetrischer Komposition eine ähnlich
feierliche Wirkung erzielt. Gleichzeitig schuf er für den Kamin eines
Festsaales in einem Breslauer Privathause das monumentale Zweifig-
urenbild „Dichtung und Malerei" (Taf. 67). In mehreren Gemälden
desselben Jahres stellt er eine einzelne monumental aufgefaßte Figur
vor blaue Luft mit tiefem Horizont, so im „Abenteurer" (Taf. 62) und
in den hier nicht abgebildeten Werken „Drama" und „Musa semne";
1883 wurde das „Spiel der Wellen" und „Odysseus und Kalypso" vollendet (Taf. 70 u. 72) und der „Frühlingstag" (Taf. 71) geschaffen,
neben „Toteninsel" und „Heiligem Hain" die markanteste Landschaft
dieser Stilepoche. Es reizte ihn aber nicht bloß das Einfache und
Große, sondern gelegentlich auch das Gigantische. Dem verdanken
wir wohl den „Prometheus", den man zwischen den Wolken über das
ganze Kaukasusgebirge ausgestreckt liegen sieht. (Erste Fassung von
1882, Tafel 69.) Ein Bildgedanke, der für diese Zeit charakteristisch ist
und dreimal in rascher Folge eine immer schlagendere Gestalt erhält,
ist endlich das Heiligtum eines Gottes am Meeresstrand. Die reifste
Lösung ist Frühjahr 1884 entstanden und als „Heiligtum des Herakles,
zweite Fassung", auf Tafel 73 abgebildet. Das früheste Bild der Reihe
geht unter anderem Namen und muß um 1878 entstanden sein.

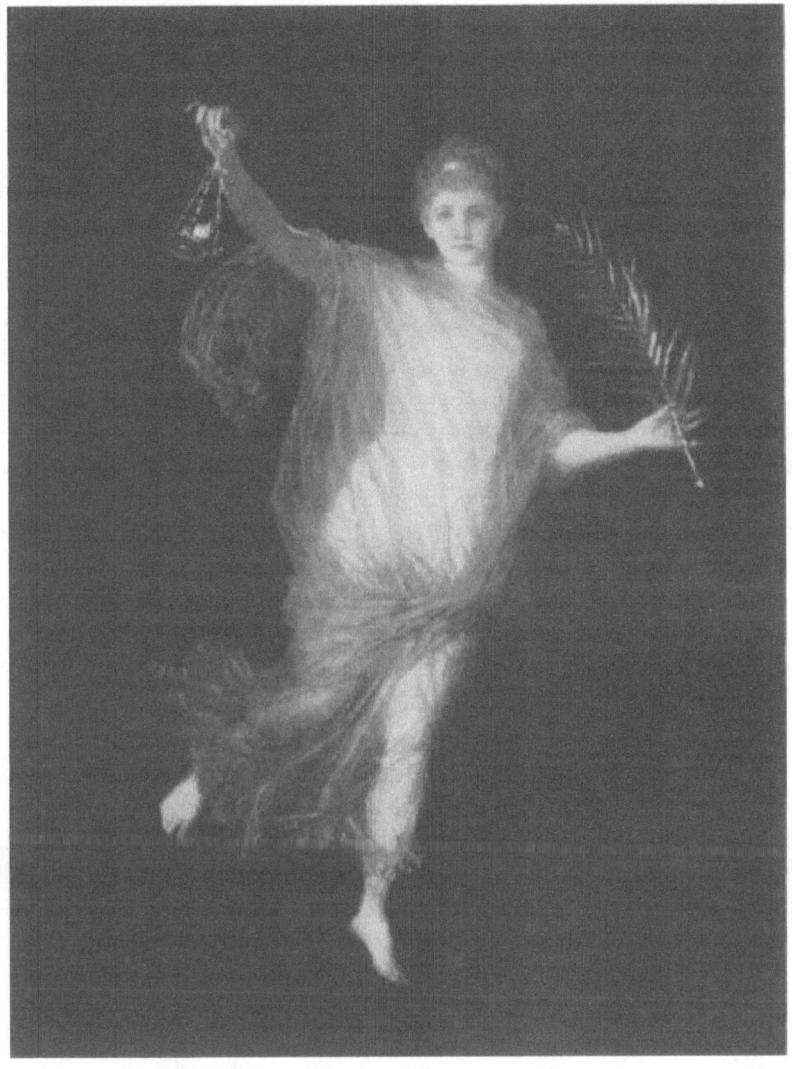

DIE HOFFNUNG
1880

Mit dem Frühjahr 1884 scheint aber das Interesse für die Prob-
leme, die ihn all diese Jahre in Atem gehalten haben, erschöpft. Es
folgen noch einige Wiederholungen größerer Hauptwerke dieser Zeit,
aber es wendet sich der Meister noch in Florenz entschieden anderen,
meist liebenswürdigeren Stoffen zu. Solche Bilder sind zwar auch

bisher neben den gewaltigeren einhergegangen, so die „Flora, Blumen weckend", die „Flora, Blumen streuend" und die drei Gemälde, die unter dem Namen der Hochzeitsreise bekannt sind (Taf. 48 u. 52, 50 u. 54), aber jetzt wird alles weicher, das Kolorit zarter und eine Reihe wesentlich anders gestimmter Gemälde wie der „Eremit" (Taf. 75), „Gottvater zeigt dem Adam das Paradies" und andere, die erst später vollendet wurden, standen in den letzten Florentiner Monaten im Atelier.

Die Werke der Florentiner Zeit haben im Norden einen solch leidenschaftlichen Widerspruch gefunden, wie die keiner andern Epoche seines Lebens. Der Menge der Gebildeten waren sie zu wenig akademisch, im Grunde wohl zu wenig philiströs; Werke wie die „Gefilde der Seligen" oder schon „Triton und Nereide" waren nicht mißzuverstehen, da begriff jeder, daß der Urheber anders dachte, da fühlte jeder den allem Philiströsen feindlichen Grundzug einer fremden Lebensauffassung heraus. Es haben sich aber auch Männer von Böcklin abgewandt, die seine früheren Schöpfungen begeistert aufgenommen hatten und denen nur das Letzte und Reifste allzustark war und es wurden selbst solche Bilder damals als gesucht empfunden, in denen man seine stärksten Taten anerkennen muß.

Daneben entstand ihm noch ein ernster zu nehmender Feind in einer neuen von Frankreich eindringenden, in sich geschlossenen Kunstrichtung. Im Jahre 1879 haben die französischen Pleinairisten den durchschlagenden Erfolg bei der heranwachsenden Künstlerschaft errungen und der Anfang der achtziger Jahre, als Böcklin den „Odysseus", den „Abenteurer" und den „Prometheus" schuf, war die Zeit des grauen Freilichts. Bewundernd stand man vor den Sonnenflecken in Liebermanns Garten des Altmännerhauses, während Böcklin, der in seinem „Pan im Schilf" einst Ähnliches geleistet hatte, den Impressionismus als einen überwundenen Standpunkt ansah und erkannte, daß er seine letzten Ziele nur auf anderem Wege erreichen konnte.

Aber der Bruch mit der akademischen Malerei, der sich in den achtziger Jahren vollzog, hatte doch das Gute, daß einer jeden Kraft, die auf sich selber stand und ihre eigenen Wege ging, größere Achtung als vordem gezollt wurde; das Gefühl für Persönlichkeiten nahm auch im weiteren Publikum überhand; auf Feuerbachs Grab wurden Kränze gelegt, Thoma und Marées wurden entdeckt und langsam aber stetig drang in den Jahren von 1878—1892 etwa auch Böcklins Richtung durch. Ein Kreis von jüngeren Künstlern, die im Impressionismus aufgewachsen waren wie Max Klinger, sah in ihm den Bahnbrecher einer besseren Zeit.

ZÜRICH 1885-1892, FLORENZ 1892-1901

Im Jahre 1885 ist Böcklin nach Zürich übergesiedelt und hat bis kurz nach seinem Schlaganfall dort eine ständige Wohnung gehabt. Ein Atelier hat er sich auf der Höhe von Hirslanden nach eigenem Bedürfnis selbst bauen lassen. Es ist ein einfacher Riegelbau, der etwa so aussieht wie ein Güterschuppen und im Volksmunde „Komediwagen" hieß; über das unförmliche Äußere soll der Meister selbst erschrocken sein. Dagegen wirkten die großen leeren Räume des Innern mit ihrer dunkeln Bespannung und ihrer vortrefflichen Lichtverteilung stimmungsvoll, fast feierlich; und die farbenprächtigen Bilder erstrahlten da in einem Glanze wie in keinem Privatraum und keiner Sammlung. Der Zugang war an der Sonnenstraße, der heutigen Freienstraße. Eine neue Straße, die vom Meister ihren Namen erhalten hat, berührt heute eine hintere Ecke des Baues.

In Zürich fand sich Böcklin mit Gottfried Keller. Es war vielleicht das schönste Erlebnis der letzten Jahrzehnte. Schon die Wahl des neuen Wohnortes soll durch den Gedanken an den Dichter beeinflußt worden sein.

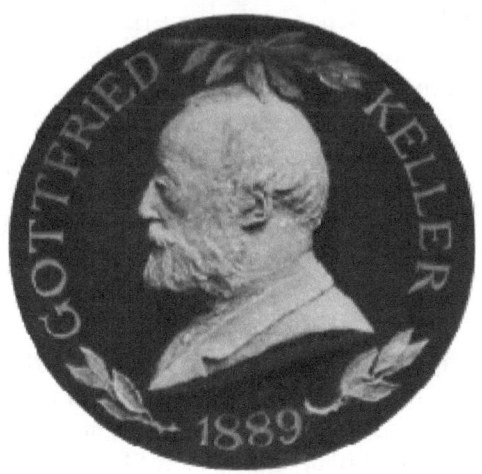

Es fanden sich viele Berührungspunkte in Weltanschauung, Charakter und Neigungen. Böcklin, der längere Stellen aus Kellers Prosa auswendig kannte, schätzte an diesem besonders die Anschaulichkeit der Darstellung und die Feinheit und Schärfe der Beobachtung. Er hat sich des alternden Dichters mit rührender Sorgfalt angenommen, er fuhr mit ihm aus und geleitete ihn sorgsam nach Hause. Zwei Jahre nach der Begegnung entstand zu Böcklins sechzigstem Geburtstage jenes herrliche Gedicht von Keller. Wieder zwei Jahre später, 1889, schuf Böcklin die Keller-Medaille zu des Dichters siebzigstem Geburtstag. Der Dichter, der sonst durch ungeschicktes Lob aufs äußerste gereizt werden konnte, hat seiner Freude über diese Denkmünze in der nun bald folgenden letzten Krankheit oft in gradezu kindlicher Weise Ausdruck gegeben.

An Gottfried Keller erinnert nunmehr manches in Böcklins Werken, namentlich der liebenswürdige Humor, mit dem Gestalten der Sage oder Legende mitten in eine Umgebung hingestellt werden, die der Wirklichkeit entnommen ist.

Von Gemälden ist gleich nach der Übersiedlung das „Selbstbildnis mit dem Weinglase" (Taf. 77) entstanden. Es folgten ferner gleich anfangs die Umgestaltungen zweier Bilder, die in München geschaffen waren: der „Tanz um die Bacchussäule" und der „Überfall von Seeräubern" (erste, in München entstandene Fassungen auf Taf. 35 und 36). Die „Ruine am Meer" wird nun zur „Burgruine" (Taf. 78) im Norden. Dann aber begann der Genius loci zu wirken und es entstanden Bilder, zu denen ihn neue Erlebnisse und die neue Umgebung befruchtet hatten. Charakteristisch sind für diese Zeit die Schöpfungen, deren Vorwürfe zum Teil an Ludwig Richter oder Schwind erinnern. „Sieh, es lacht die Au" (Taf. 84), vor allem die „Heimkehr des Landsknechts" (Taf. 83), dann der „Gang zum Bacchustempel" (Taf. 89), die „Alten in der Gartenlaube" (Taf. 90), die „Mariensage" (Taf. 91). Und die Bilder des tollsten Humors: „Spiel der Najaden" (Taf. 80), „Susanna", „Kentaur in der Dorfschmiede" (Taf. 86).

Die Farbenpracht dieser Schöpfungen ist aufs höchste gesteigert, namentlich ist das leuchtende Rot nun eine stets wieder dominierende Note. Die Worte Kellers: „Schauen wir der Iris Bogen, wenn der hellste Himmel blaut", passen auf keine Epoche Böcklins so gut wie auf die Zürcher Zeit. Der Meister liebte die Farben des Zürcher Sees und der neue Wohnort war sicher von Einfluß auf sein Kolorit. Es sind auch die Motive einiger gefeierter Bilder in der Umgebung seines Wohnsitzes festgestellt worden. Um alles zu erreichen, was im Bilde zu sagen ist, versucht er es jetzt auch mit mehrteiligen Gemälden, wo der Gegensatz des einen Bildes die Wirkung des andern steigern sollte; so entstanden die „Mariensage", der „Hl. Antonius, den Fischen predigend" (Taf. 92), die „Venus Genitrix" (Taf. 94), die zwar erst später signiert, aber schon 1892 fast vollendet gewesen ist.

Als Stütze bei der Erschaffung seiner umfangreichen Tafelgemälde dienten in dieser Zeit öfters Entwürfe in Bleistift, Kohle oder Kreide in kleinstem Format. Böcklin malte jetzt mit Vorliebe auf Holz und entwarf die Komposition auch etwa gleich mit gewöhnlicher Kreide auf den Malgrund. Wenn umfangreiche Änderungen nötig wurden, ließ er einen Teil der Tafel wieder abhobeln.

In die Zürcher Zeit fallen auch die erneuten Versuche, plastische Werke künstlerisch zu bemalen, die gemeinsam mit dem Schwiegersohne, dem Bildhauer Peter Bruckmann, unternommen wurden. So schuf er den „Froschkönig", den zweiten Medusenschild, das Relief „Mutter und Kind" und endlich die Büste der Frau Böcklin.

Es fehlte in diesen Jahren nicht mehr an außergewöhnlichen Ehrungen. Es wurde der Maler 1889 Ehrenbürger der Stadt Zürich. Das Aufsehen, das die Gottfried Keller-Medaille erregt hatte, veranlaßte die Schweizerische Bundesregierung, auch die Medaille für das Jubiläum der Schweizerischen Eidgenossenschaft dem Meister zu übertragen. Es ging damit aber noch schlimmer wie in Breslau.

Nach Kellers Tod begann auch Böcklins Gesundheit zu wanken. Im Herbst 1891 ist er von einer Reise nach Berlin mit einer nicht ganz unbedenklichen Krankheit zurückgekehrt. Am 14. Mai 1892 traf ihn jener erste Schlaganfall, der die Lähmung der letzten Jahre zur Folge hatte und dem andere folgten. Als er notdürftig hergestellt war, drang die Gattin darauf, daß er an der Riviera, die ihm schon so oft wohlgetan hatte, seine Gesundheit suchen solle. Das Ehepaar wandte sich nach Viareggio, ging nach etwa vierzehn Tagen nach Porte dei Marmi bis Ende September und dann nach San Terenzo am Golf von Spezia. Hier ist eine kleine Farbenskizze in Hochformat entstanden, eine „Villa am Meer", im Vordergrund ein großes Blumenbeet, ein

Heim, wie der Künstler es sich damals träumte. Böcklin trug sich zur Besorgnis seiner Gattin mit der Hoffnung, eine ganze Insel erwerben zu können und sie künstlerisch auszugestalten.

Um die Jahreswende siedelt er nach der Villa Torre rossa am Abhang von Fiesole über und beginnt wieder zu arbeiten. Er hat dort das Bildnis der Frau Dr. Meyer aus Freiburg gemalt. Die Zeit vom April bis November 1893 verbrachte er noch einmal in San Terenzo; hier schuf er sein Selbstbildnis für die Basler Sammlung. Der Künstler fühlte sich wieder ordentlich bei Kräften.

Wie in Dürers letzten Jahren kommt auch bei ihm der Drang zum Mitteilen seiner künstlerischen Erfahrungen. Dagegen hielt er es für ganz unmöglich, dies brieflich oder in einer Abhandlung zu tun.

Herbst 1893 bis Frühjahr 1895 wohnte er wieder in Florenz, Viale Principe Amedeo 12, um dann in eine eigene Villa überzusiedeln. Nach einer Postkarte vom 1. Januar 1894 kann er wieder „arbeiten wie ein Pferd". Er hat in der Tat in den kühleren Monaten der Jahre 1893/94 und 1894/95 noch einmal erstaunlich viel zustande gebracht. Noch im Jahre 1893 ist eine erste Fassung „Francesca da Rimini" (Taf. 93) entstanden und datiert worden. Im April 1894 standen zwei neue Bilder, der „Orlando furioso" und eine „Ruine am Meer", sowie die „Venus Genitrix" (Taf. 94) auf der Staffelei. Die heißen Monate freilich pflegte Böcklin in den letzten Jahren auf Reisen und im Seebade zu verbringen, und in den Frühsommer 1894 fällt jene Reise nach Berlin bei Anlaß der Gründung der Zeitschrift „Pan", die sich zu einem wahren Triumphzug gestaltete. Im Herbst siedelte dann auch sein Sohn Carlo nach Florenz über, und der Alte empfand es als eine große Wohltat, an ihm einen Helfer zu haben, welcher die stets verhaßten geschäftlichen Angelegenheiten besorgte, und auch als gelernter Architekt die Villa nach seinen Wünschen umbaute.

Im zweiten Florentiner Winter 1894/95 wurde eine ganze Reihe von Arbeiten abgeschlossen wie die letzte Version der „Nacht", die „Ruine am Meer", die „Venus Genitrix", und sogar neue begonnen, wie ein „Apostel Paulus", eine zweite „Francesca da Rimini" und eine späte „Jagd der Diana".

Der Umzug in die eigene Villa fand im April 1895 statt.

„So habe ich endlich eine Heimat, nachdem ich lange genug herumgetrieben worden als heimatloser Vagabund", schreibt er an seine Schwester unterm 27. April 1895. Böcklin war siebenundsechzig und ein halbes Jahr alt, als die Tage seines Vagabundenlebens gezählt waren. Die Villa sieht man von weitem am Abhang von Fiesole, etwas unterhalb des Städtchens und gegen rechts hin, also gegen Osten; daneben etwas weiter rechts die später erworbene Villa des Sohnes und zwischen beiden, unmittelbar darüber, die Villa mit dem roten Turm (Torre rossa), wo die Ehegatten im Winter 1893 gewohnt hatten. Das Gebiet gehört nicht zum nahen Fiesole, sondern noch zu San Domenico, einem weiter unten liegenden Vororte von Florenz. Fremde, die die Stätte betreten durften, glaubten, Böcklin habe sich von dieser Besitzung zu seinen Bildern anregen lassen und meinten, da lerne man Böcklins Kunst erst verstehen. In der Tat fand der Meister vieles von dem Schönen, was er jahrzehntelang in sich herumgetragen und gemalt hatte, im Alter in seiner Besitzung vereinigt. Eine Privatstraße führt am Bergabhang entlang zum Hause, rechts zwischen Bäumen winkt auf einer weit vorspringenden Terrasse eine Marmorsäule mit einer Büste, wie die Statue im „Heiligen Hain". Wie dort empfängt der Schatten der Bäume den Besucher, der durch das Gartentor eintritt.

Böcklin hat die Wohltat des eigenen Heims tief empfunden und begann sofort mit der Ausschmückung. Auf diese Weise sind die „Supraporten" entstanden und die Malereien in pompejanischer Art in einer Loggia. Auch eine ganze Reihe von Staffeleibildern ist in diesen letzten fünf Jahren noch begonnen und zu Ende geführt worden. Die Vorwürfe sind freilich meist düsterer Art, Krieg (Taf. 95), Pest, Melancholie. Es ist, als ob er das Unheil, das sich damals schon über Europa zusammenzog, bemerkt und die Katastrophe vorausgesehen hätte. Ganz fehlte es freilich nicht an heiteren Werken. Er feierte noch immer die Liebe und hat ganz zum Schluß noch einmal ein Triptychon geschaffen, dem er die Schillerschen Verse mit auf den Weg geben konnte: Horch, der Hain erschallt von Liedern — Und die Quelle rieselt klar. — Raum ist in der kleinsten Hütte — Für ein glücklich liebend Paar.

Im dritten Jahre des Aufenthalts in der eigenen Villa ist Böcklin ein Siebziger geworden, und während der sechzigste Geburtstag noch im kleinen Kreise gefeiert worden war, wurde der siebzigste Anlaß zu großen z.T. überwältigenden Kundgebungen in Deutschland und der Schweiz, und die Behörden der Vaterstadt und des Vaterlandes entschlossen sich zu Ehrungen, die in demokratischen Gemeinwesen selten sind. Das Erhebendste waren die Ausstellungen in Basel und Berlin, die beide etwa ein Drittel des Gesamtwerkes vereinigen konnten. Da staunten Verehrer, die Böcklin seit Jahrzehnten bewundert hatten, es verstummten Greise, die zwei Menschenalter spöttelnd neben dem Altersgenossen einhergegangen waren.

Diese Ehrungen weckten auch in der zweiten Heimat ein Echo, die Fiesolaner brachten dem fremden Pittore einen Fackelzug. Die Direktion der Uffizien hatte Böcklin schon früher seit 1894 wiederholt um ein Selbstbildnis gebeten.

Noch einmal muß der Künstler in der Folgezeit einen Anlauf genommen haben. Aber wer ihn 1896 gesehen, erschrak im Frühjahr 1898 über sein Aussehen. Die Beine wurden steifer und das Sprechen wurde ihm schwer. Im Januar 1900 kam dann noch eine Influenza. Aber sein zäher Körper hielt noch fast ein Jahr lang stand. Er hat die Arbeit noch einmal aufgenommen, er verfolgte mit Schmerzen und ohne Hoffnung den Untergang des Burenvolkes, selbst das erschütternde Bild eines Helden, mit dem es zu Ende geht. Er las noch seinen Goethe und freute sich des Schattens seiner Platanen.

Am 16. Januar 1901 ist er im Alter von   Jahren nach kurzem Unwohlsein entschlafen. Er liegt begraben auf dem Campo Santo degli Allori, dem protestantischen Kirchhof am Wege nach der Certosa.

Der Meister ist auch in seinen letzten Werken nicht dem handwerksmäßigen Betrieb verfallen, wenn auch das Alter und dann die Krankheit sich geltend gemacht haben; er ist ein Künstler bis zum letzten Strich und ein Erfinder bis zum letzten Bilde geblieben. Die Vergeistigung des Materiellen und der Ausdruck in jedem Pinselstrich scheint seinen Höhepunkt erst in solchen Werken zu erreichen, die in der Komposition bereits die Folgen von Alter und Krankheit verraten. Fehlt auch jetzt die geschlossene Wucht der achtziger Jahre, so findet er doch noch Farbenkombinationen von hinreißender Schönheit, die noch kaum einem Koloristen früherer Zeiten gelungen waren, und in der „Ruine am Meer" von 1894/95 hat er den Wolken und dem Meere Reize abgesehen, die so neu sind, als ob er früher an ihnen achtlos vorbeigegangen wäre. Der Meister war vielleicht der gebildetste Maler seines Jahrhunderts, aber das Aussehen seiner Bilder hat trotz all seiner rechnerischen Überlegungen etwas momentan Eingegebenes und trotz der Bestimmtheit seiner Ausdrucksweise etwas Visionäres, Traumhaftes, fast Dilettantisches.

Böcklin wurde und wird denn auch noch heute von vielen zünftigen und fast allen akademischen Vertretern seines Berufes abgelehnt und er hat sein Publikum zuerst bei Dichtern, Musikern und solchen bildenden Künstlern gefunden, die Eindrücke von seinen Werken empfangen haben, bevor sie selber alle Weihen ihrer Zunft erhalten hatten. Der Abstand vom Üblichen war einst zu groß und ist es noch heute.

Aber es fragt sich, ob nicht jener Bildhauer recht hatte, der schon in den fünfziger Jahren meinte, Böcklin sei mehr Künstler als andere Künstler, und ob nicht die Zünftigen späterer Zeiten dies anerkennen werden. Die Hochflut der Böcklinbegeisterung ist heute verebbt und zwei Künstler, die ein Jahrzehnt jünger sind, nehmen die Stelle ein, die vor zwei Jahrzehnten unserem Meister eingeräumt wurde: Cézanne und Hans von Marées. Aber solche Änderungen des Zeitgeschmackes treten mit psychologischer Notwendigkeit ein und sie haben für die Unsterblichkeit nichts zu bedeuten. Es sollte zu denken geben, daß gerade Hans von Marées dem Menschen und dessen Künstlertum die Anerkennung nie versagen konnte, obwohl er einen eigenen und damit einen anderen Weg gegangen ist

Böcklin ist im Leben dem Vorteil stets aus dem Wege gegangen, wenn seine Kunst gefährdet schien. Was in seinen Werken dem oberflächlichen Beurteiler ein geistreicher oder unverständlicher Einfall schien, war die natürliche Folge einer langen, schrittweisen Entwicklung, die sich im Stillen vollzogen hatte, war eine Idee, die mit unwiderstehlicher Gewalt zum Ausdruck kam. Es war dem Künstler vergönnt, durch die Arbeit vieler Jahrzehnte einen Stil auszubilden, der sich von dem der anderen Menschen unterschied und mit einer Deutlichkeit ohnegleichen seine eigenen Ekstasen wiedergab. Ein und dasselbe Motiv wurde wie die Madonna bei den alten Meistern immer und immer wieder dargestellt und immer und immer wieder umgegossen, bis alle Schlacken der Tradition verschwunden waren und der herrlichste Ausdruck seiner tiefsten Gefühle erstand.

Angesichts des Gesamtwerkes sollte man anerkennen, daß Böcklin gewachsen ist wie ein Baum, der nicht beschnitten wurde, und man sollte diese Vollnatur nicht in das Prokrustesbett fremder Ideale zwingen wollen.

Unter den Bildnissen gibt das in München entstandene „Selbstbildnis mit dem fiedelnden Tod" (Taf. 37) wohl die tiefsinnigsten Andeutungen über den melancholischen Unterton seiner enthusiastischen Kunst. Den äußeren Menschen, wie er in der Blüte der Jahre den Freunden erschien, verkörpert am besten das etwas spätere, in Florenz entstandene, das unser Titelblatt ziert. In jenen letzten Jahren, da der Verfasser ihn noch hat sprechen können, bot er einen ehrwürdigen Anblick und überraschte durch sein sachliches, fast nüchtern zu nennendes Urteil. Nur die Augen verrieten sofort die außerordentliche Erregbarkeit. Er verband mit der Genialität „jene kleinbürgerliche, fast philiströse Schlichtheit", eine Mischung, die man mit Ad. Frey gewiß als etwas spezifisch Schweizerisches bezeichnen darf. Aber nur der Rock war schlicht. Sein Geist hatte die Flügel der Morgenröte und es war ihm vergönnt, dem Gesang der Seligen zu lauschen, wenn er sich auf stolzen Fittichen von der Erde erhob.

TAFELN

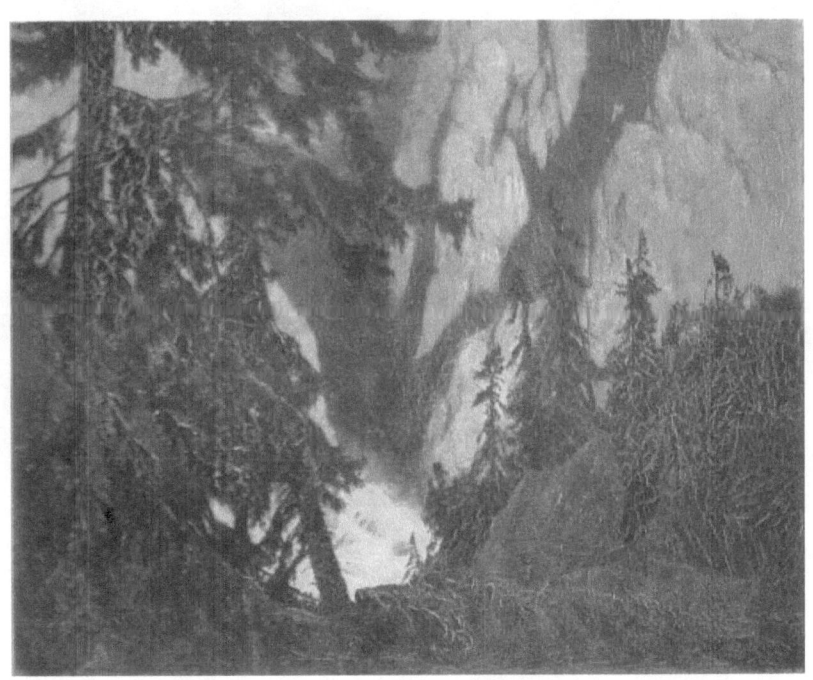

Tafel 1.
Tannenbewachsene Felsschlucht.1848-1849

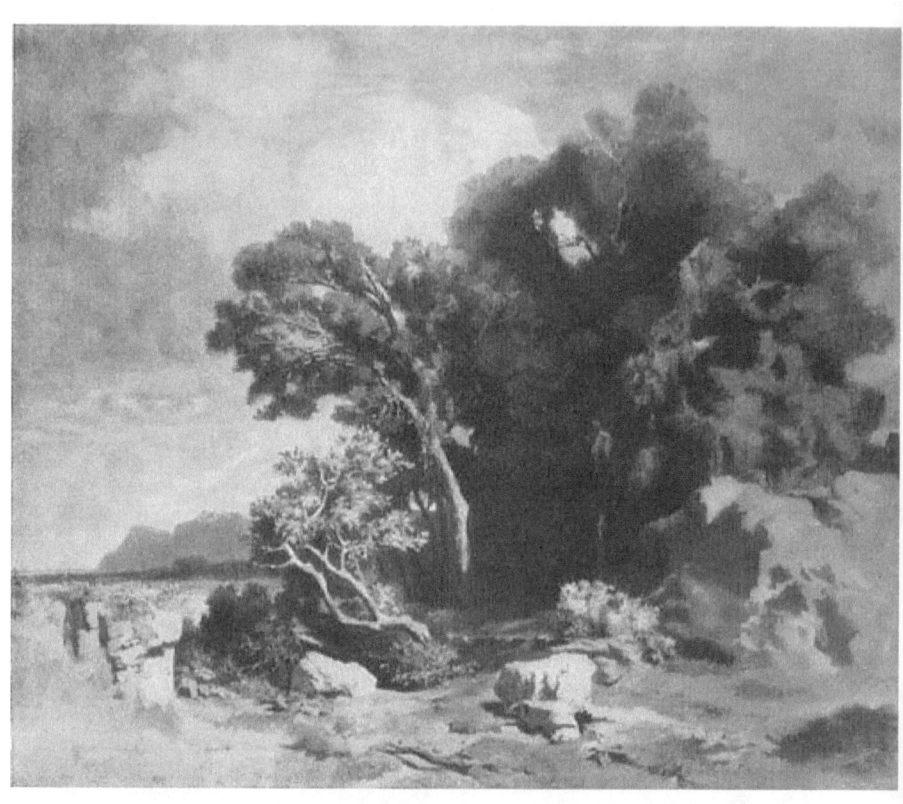

Tafel 2.
Heroische Landschaft. Um 1850/52

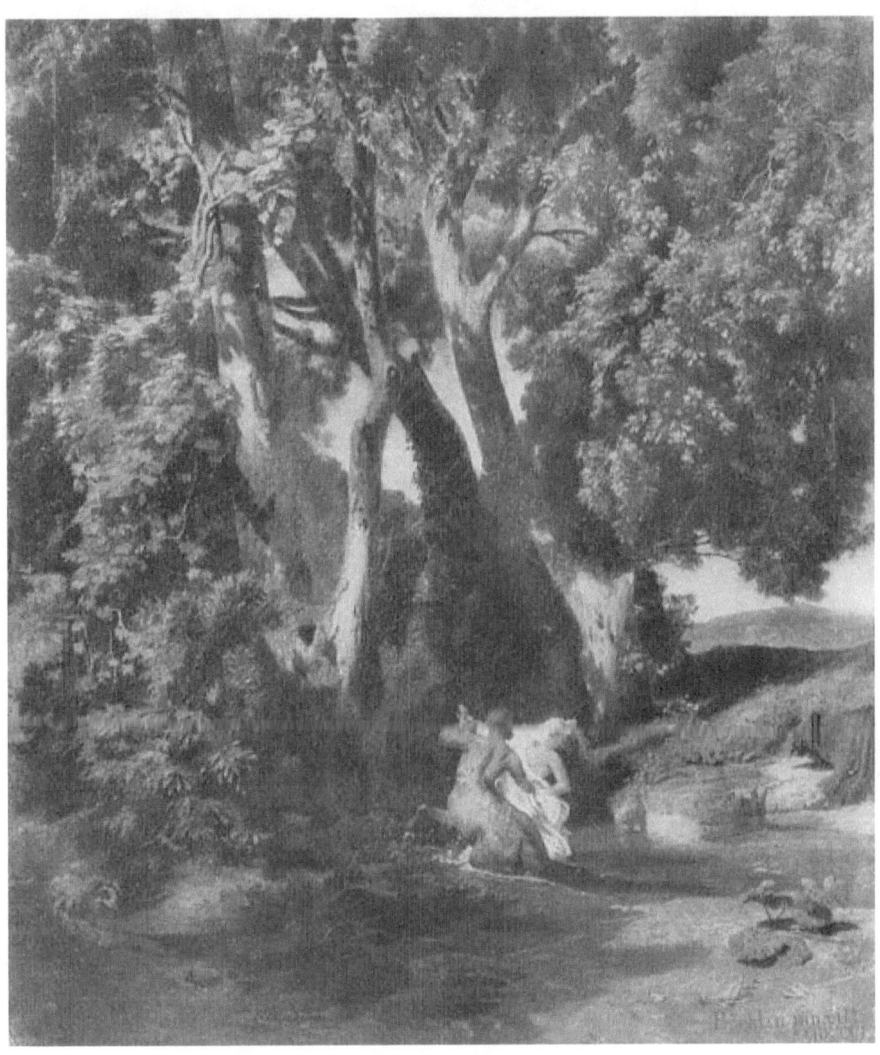

Tafel 3.
Kentaur und Nymphe. 1855

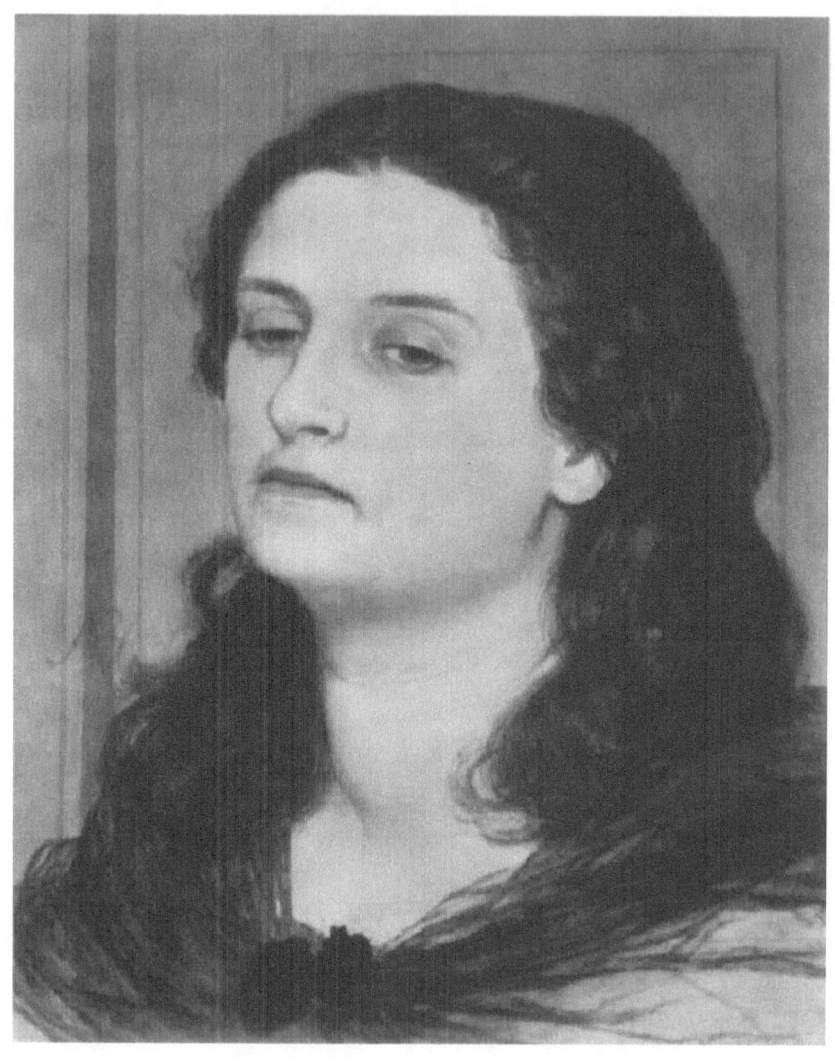

Tafel 4.
Bildnis der Frau Böcklin.
Vielleicht 1862

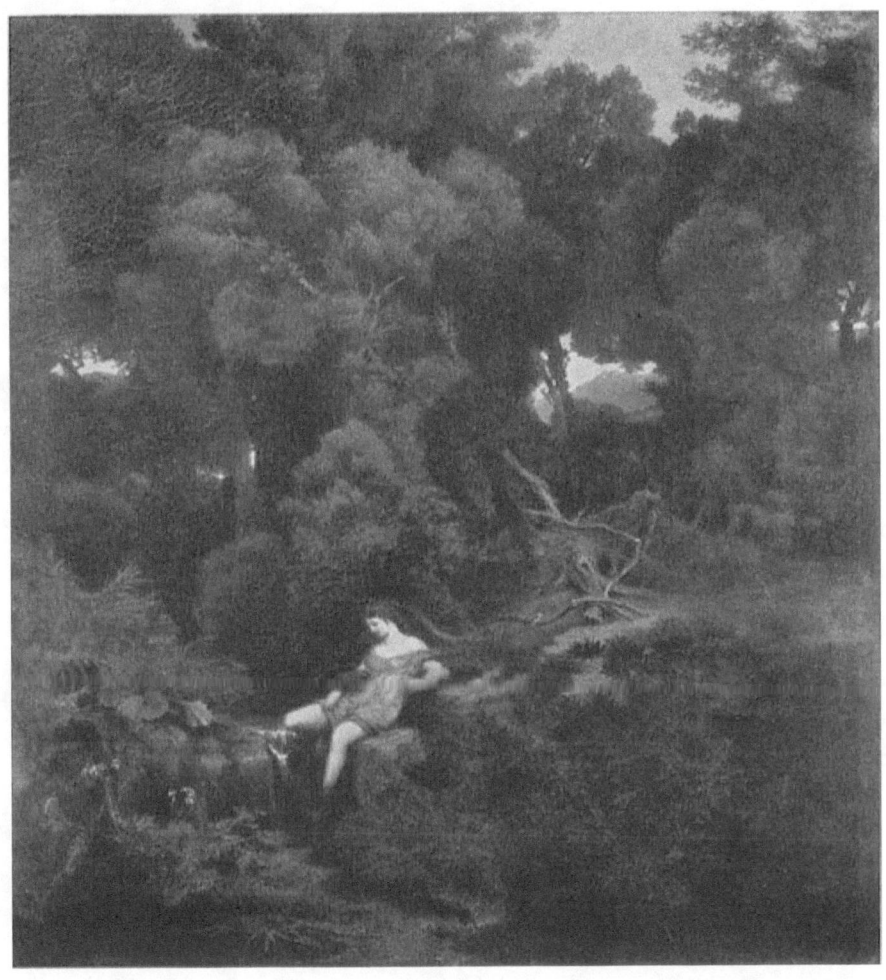

Tafel 5.
Diana an der Quelle. Um 1855

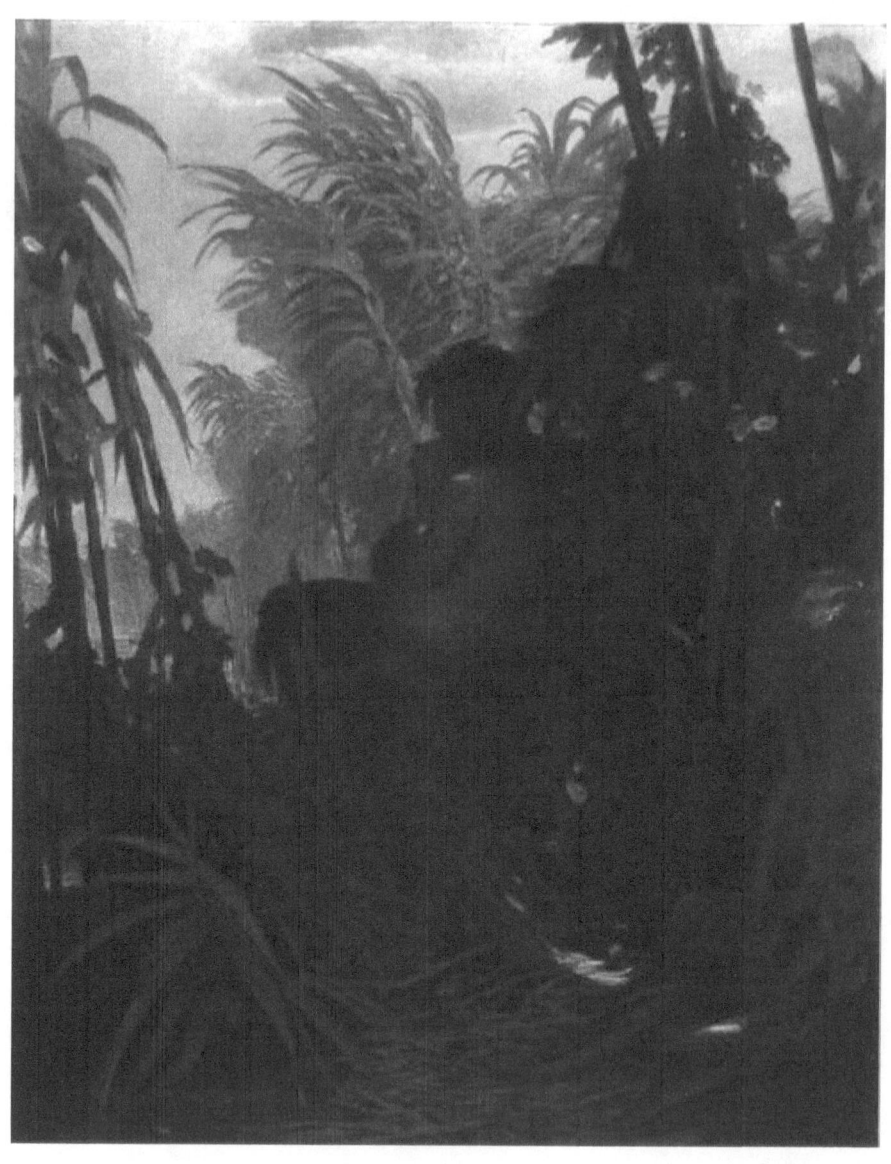

Tafel 6.
Pan im Schilf.
1857

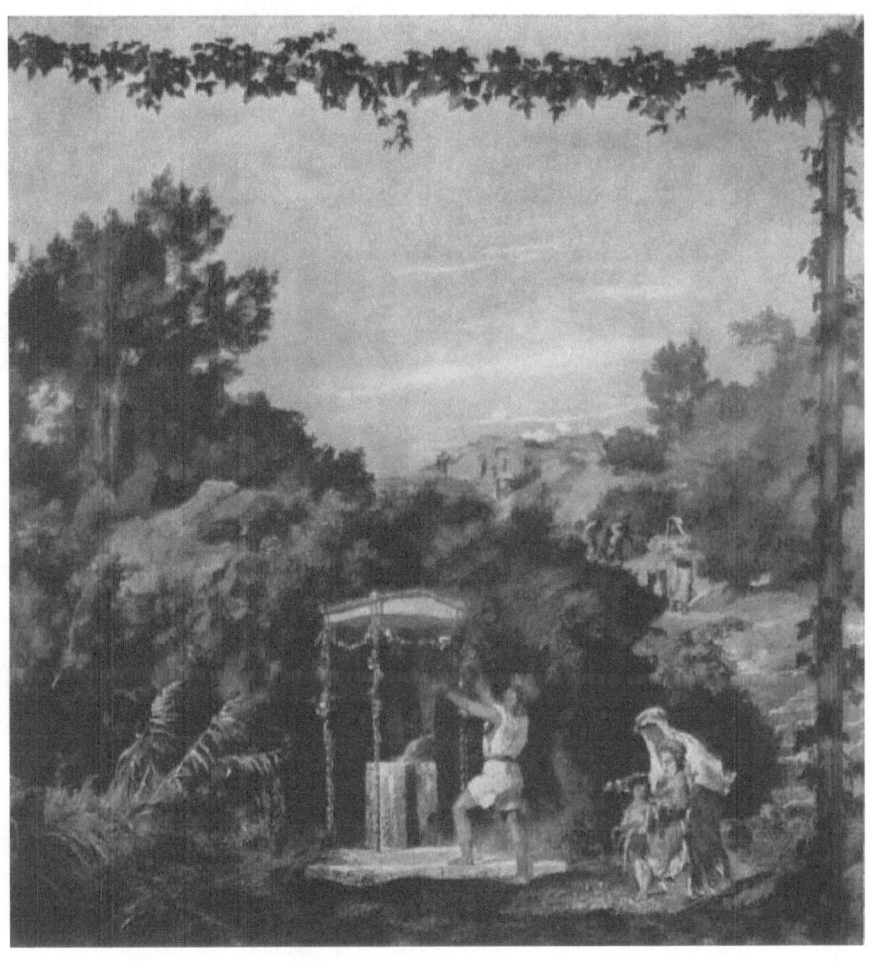

Tafel 7.
Zeit der Kultur. 1858

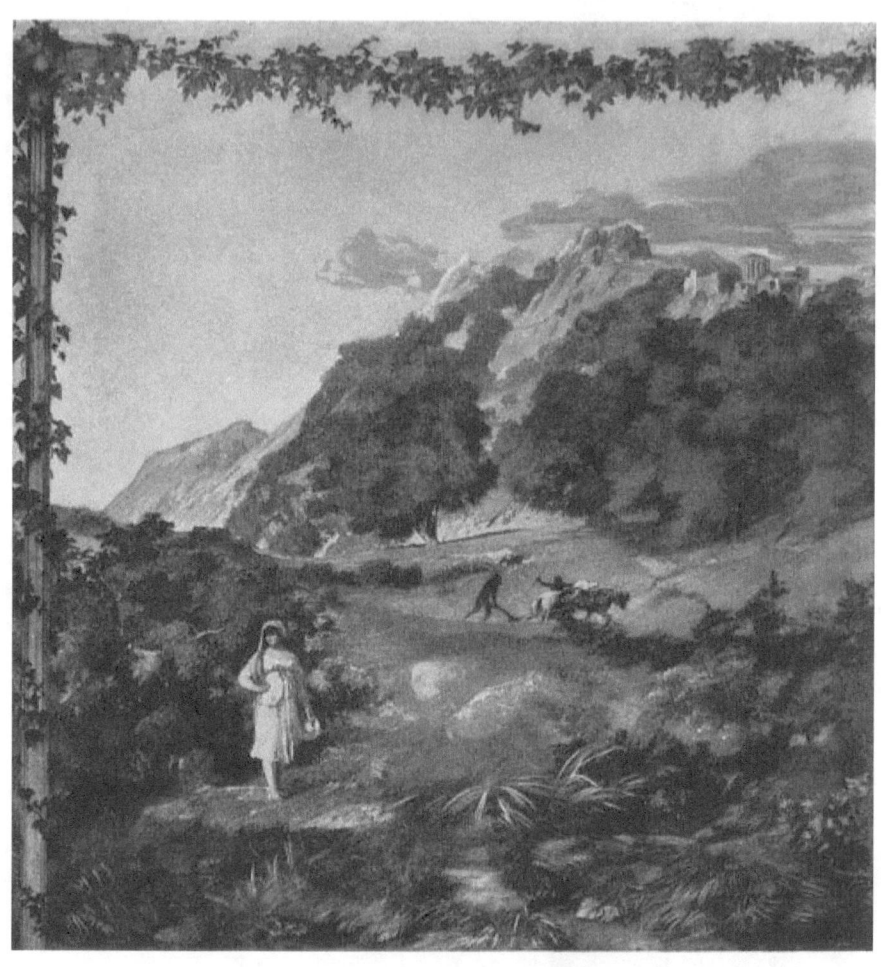

Tafel 8.
Nymphe im Wiesengrund.
1858

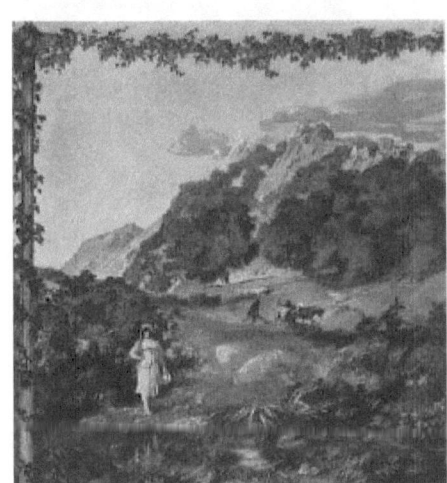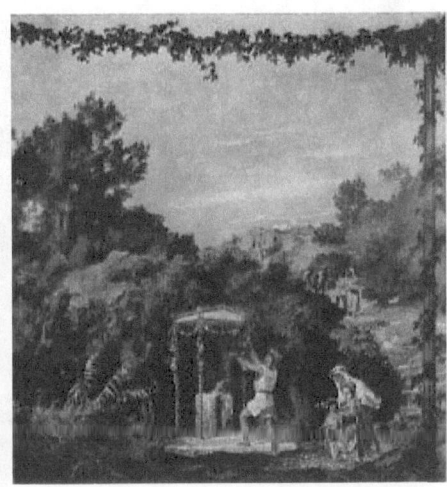

Tafel 7, 8 zusammen.

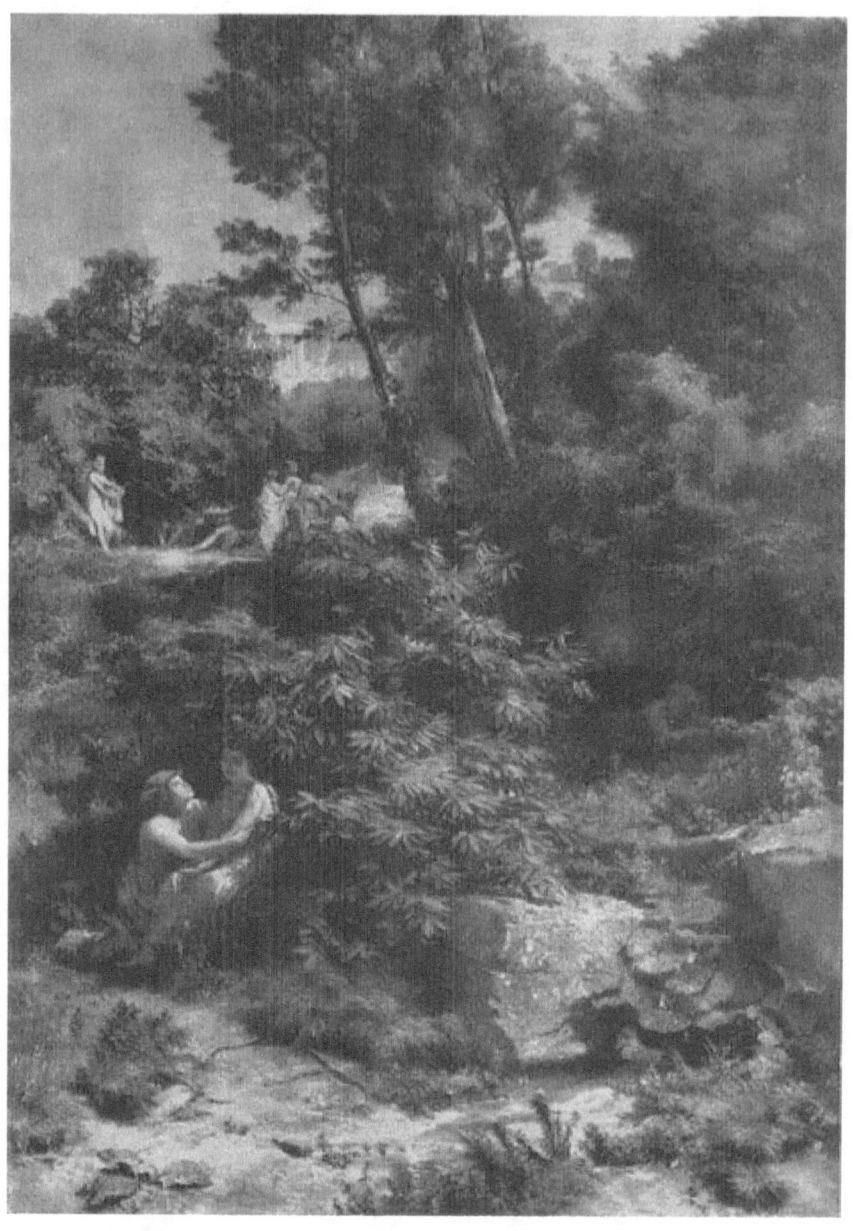

Tafel 9.
Die Götter Griechenlands. 1859

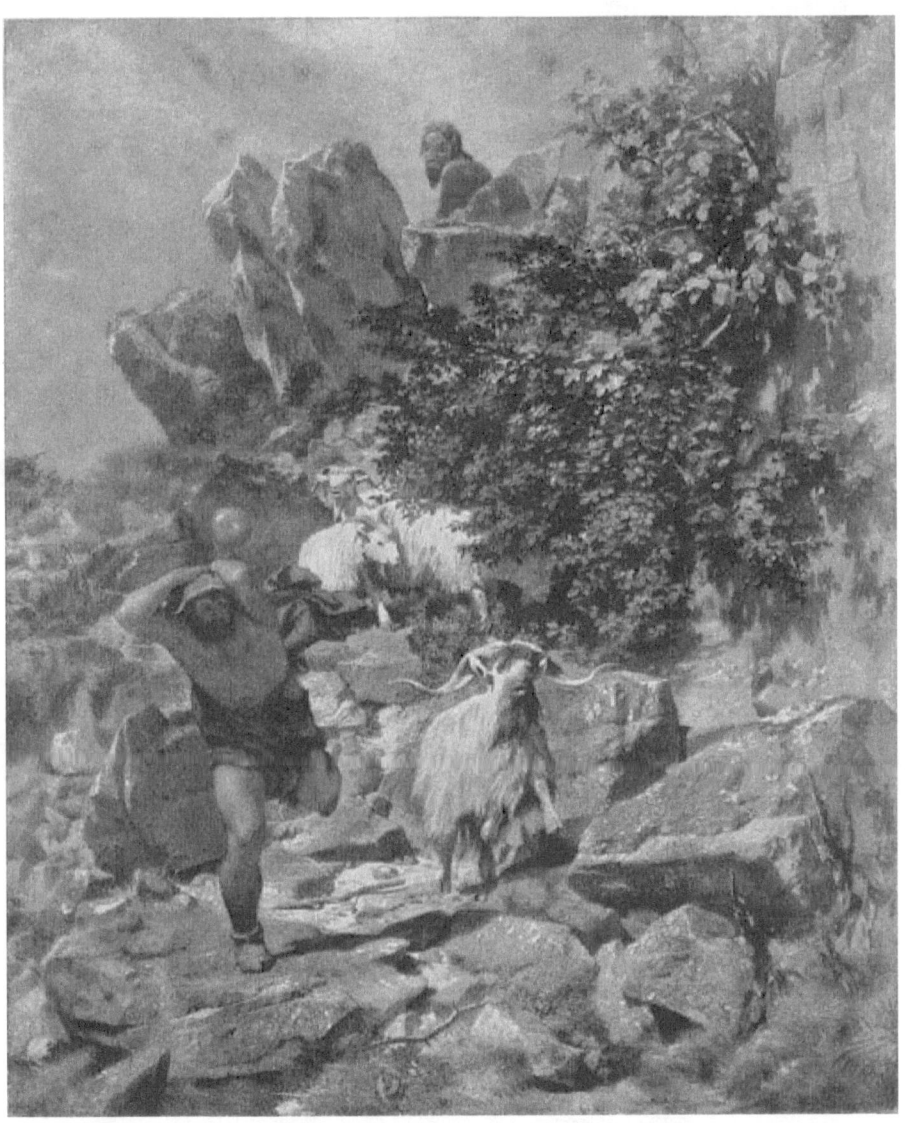

Tafel 10.
Pan erschreckt einen Hirten. 1860

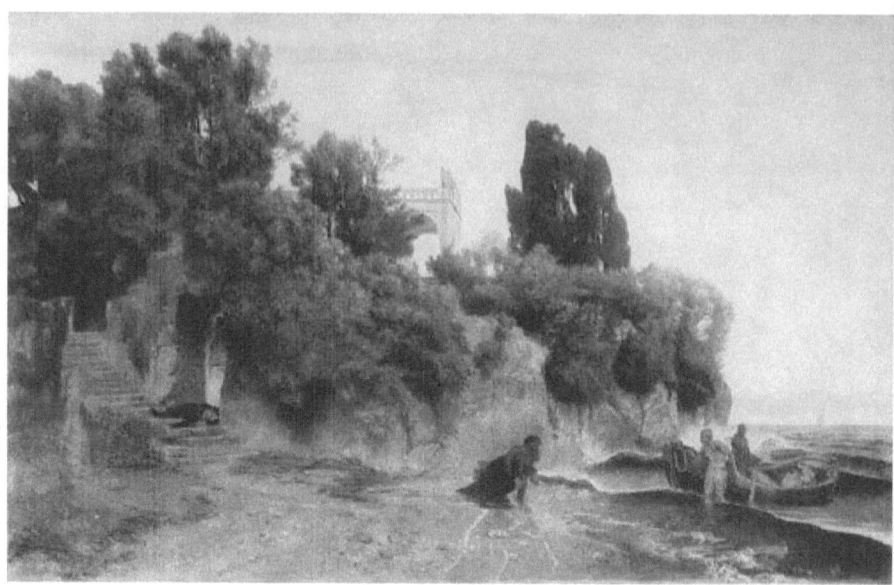

Tafel 11.
Der Mord im Schloßgarten. 1859

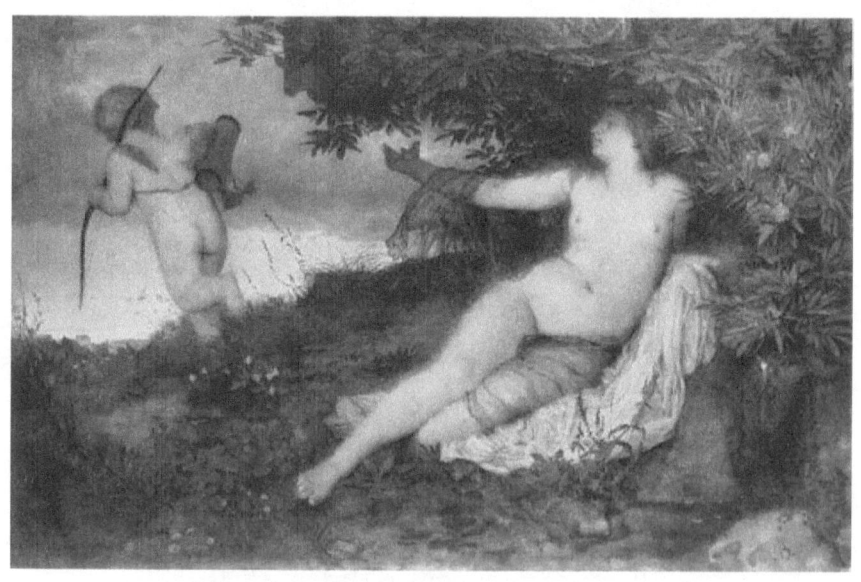

Tafel 12.
Venus und Amor. 1860

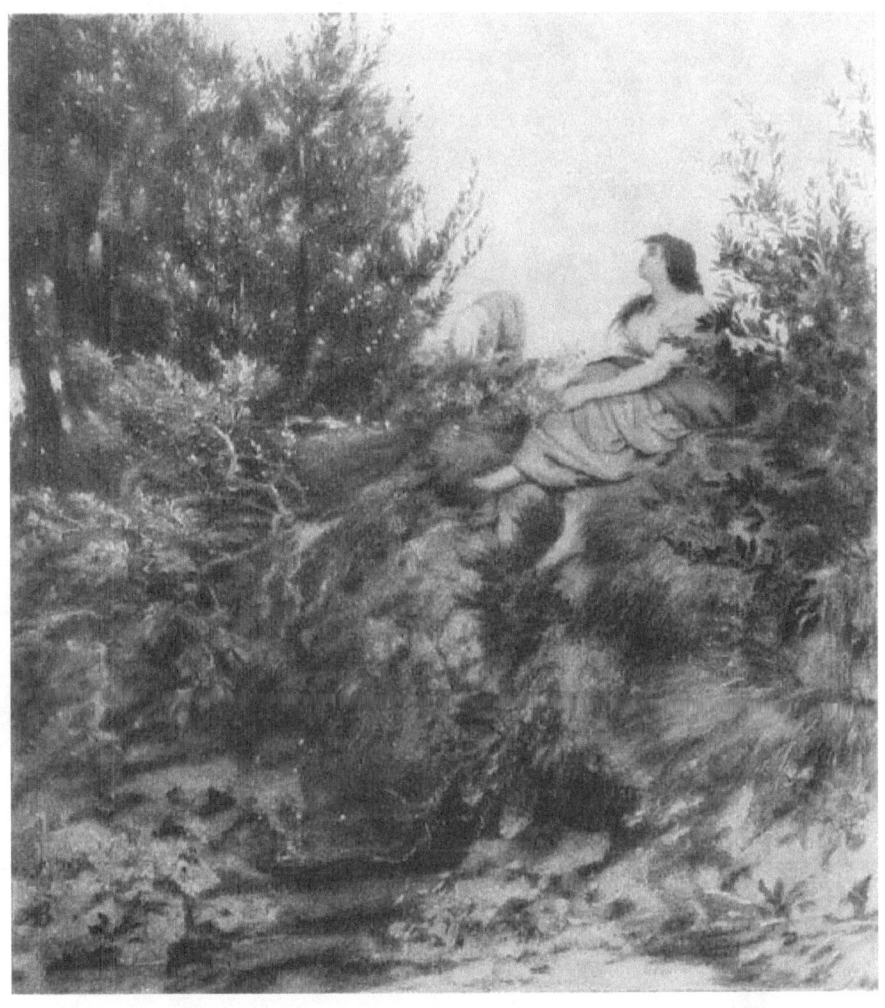

Tafel 13.
Hirtin bei ihrer Herde. 1860

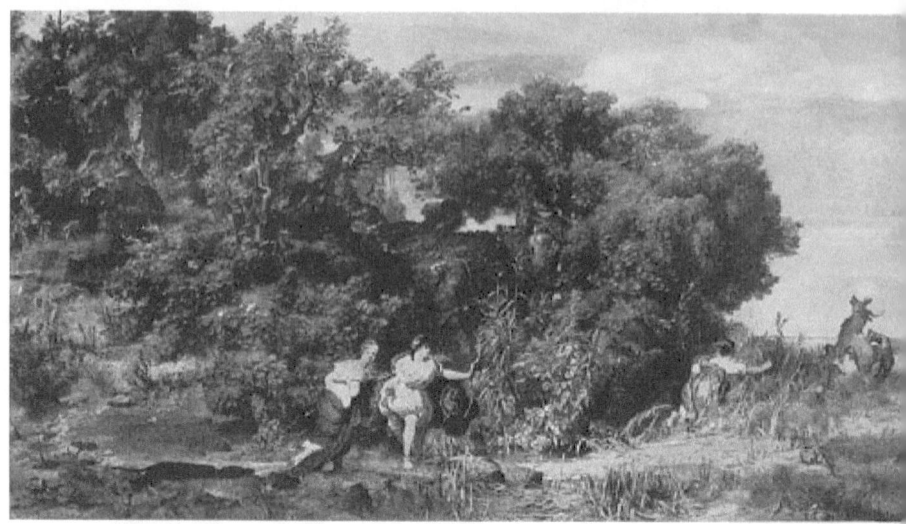

Tafel 14.
Jagd der Diana. 1862

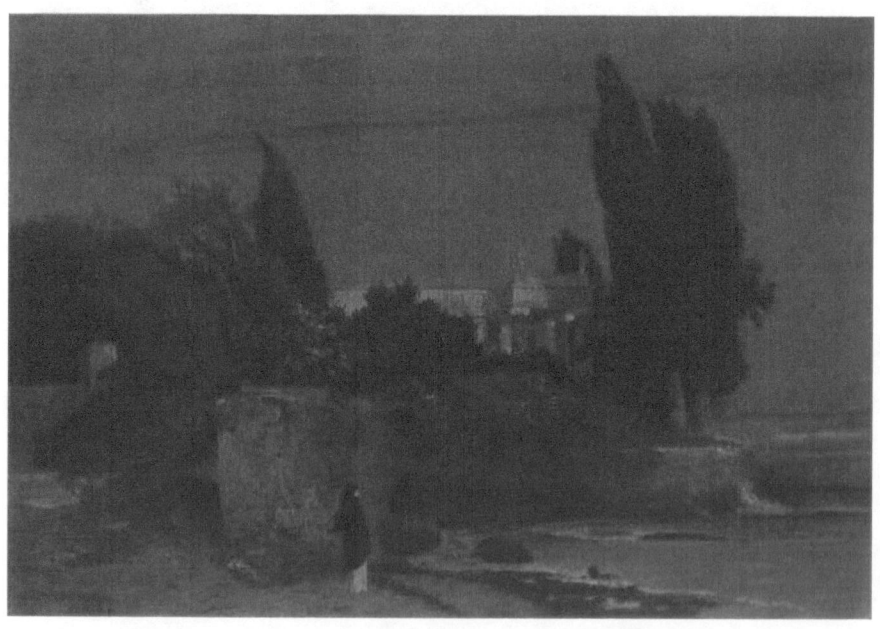

Tafel 15.
Villa am Meer. Erste Fassung. 1864

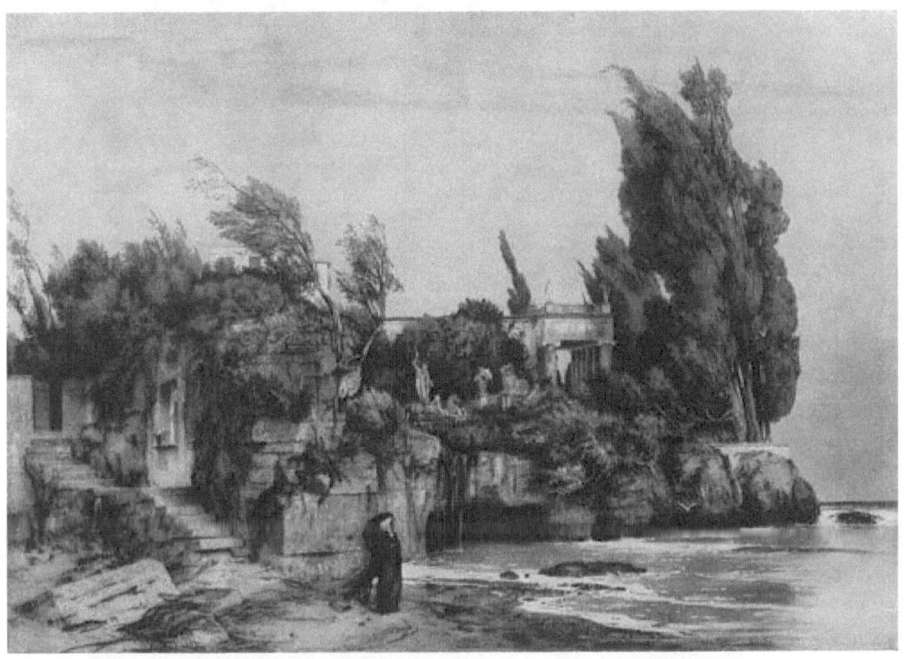

Tafel 16.
Villa am Meer. Zweite Fassung. 1864/65

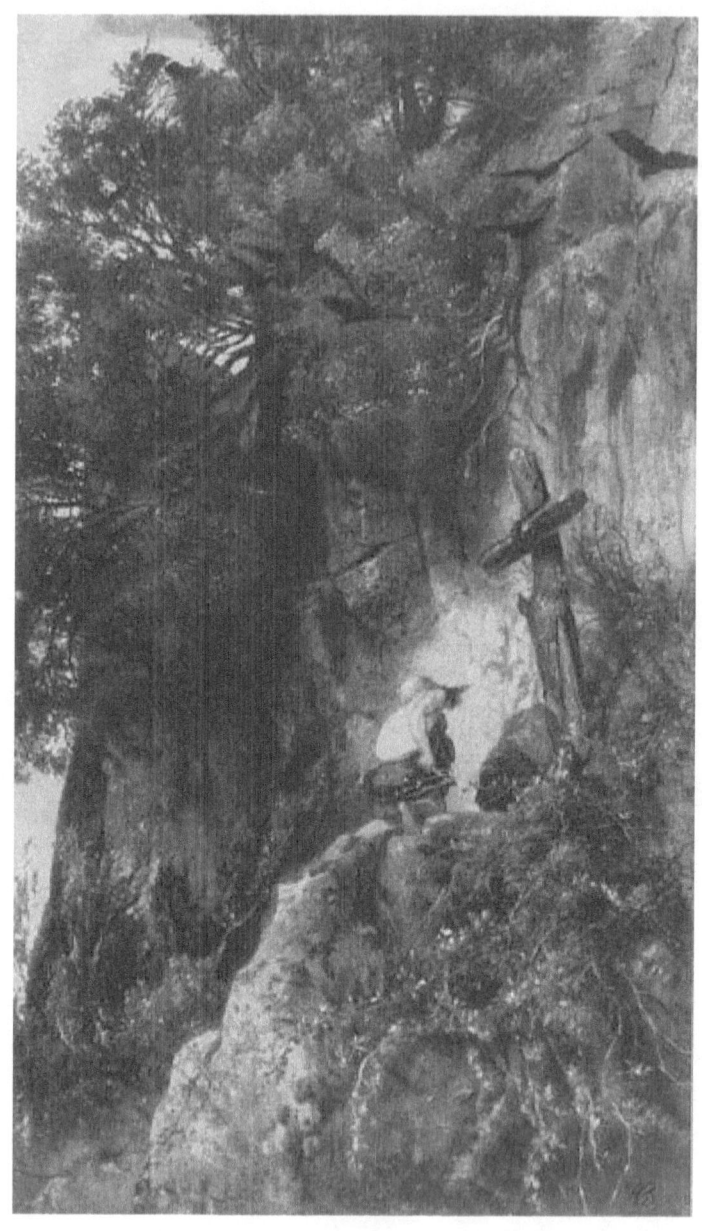

Tafel 17.
Anachoret. Um 1863

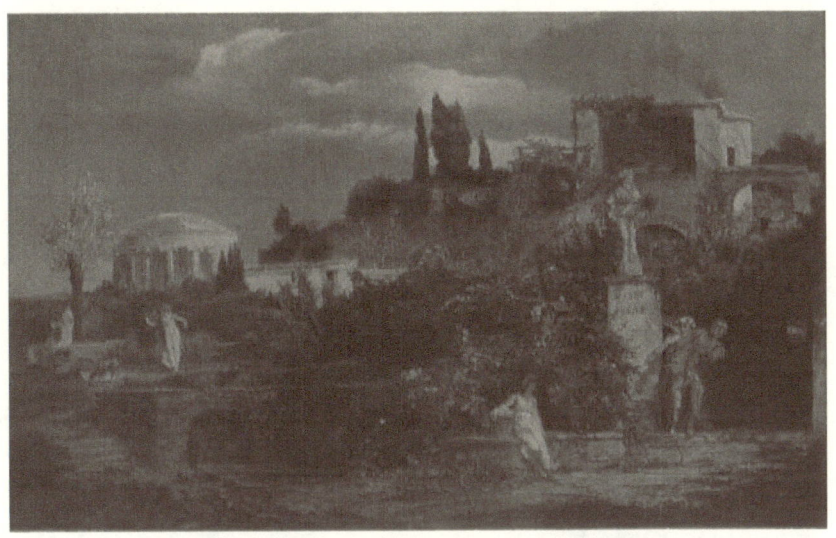

Tafel 18.
Altrömische Weinschenke. 1865

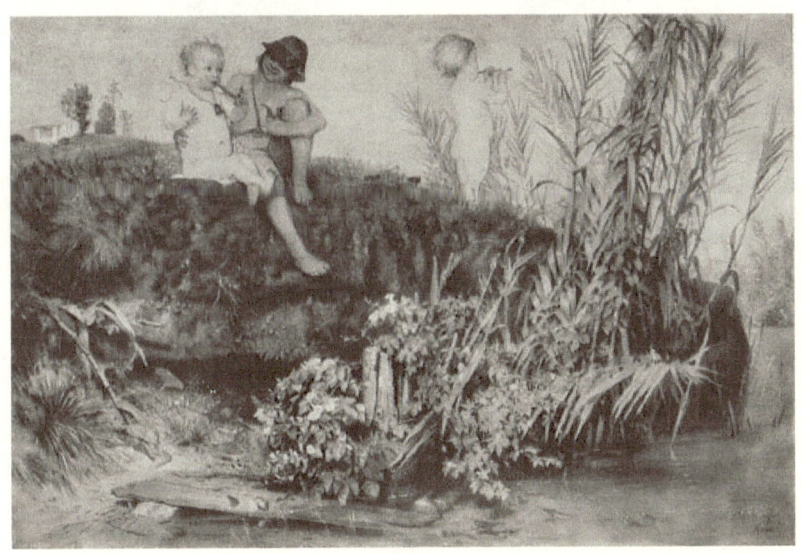

Tafel 19.
Frühlingslandschaft mit Kindern, welche Maipfeifen schnitzen.
1865

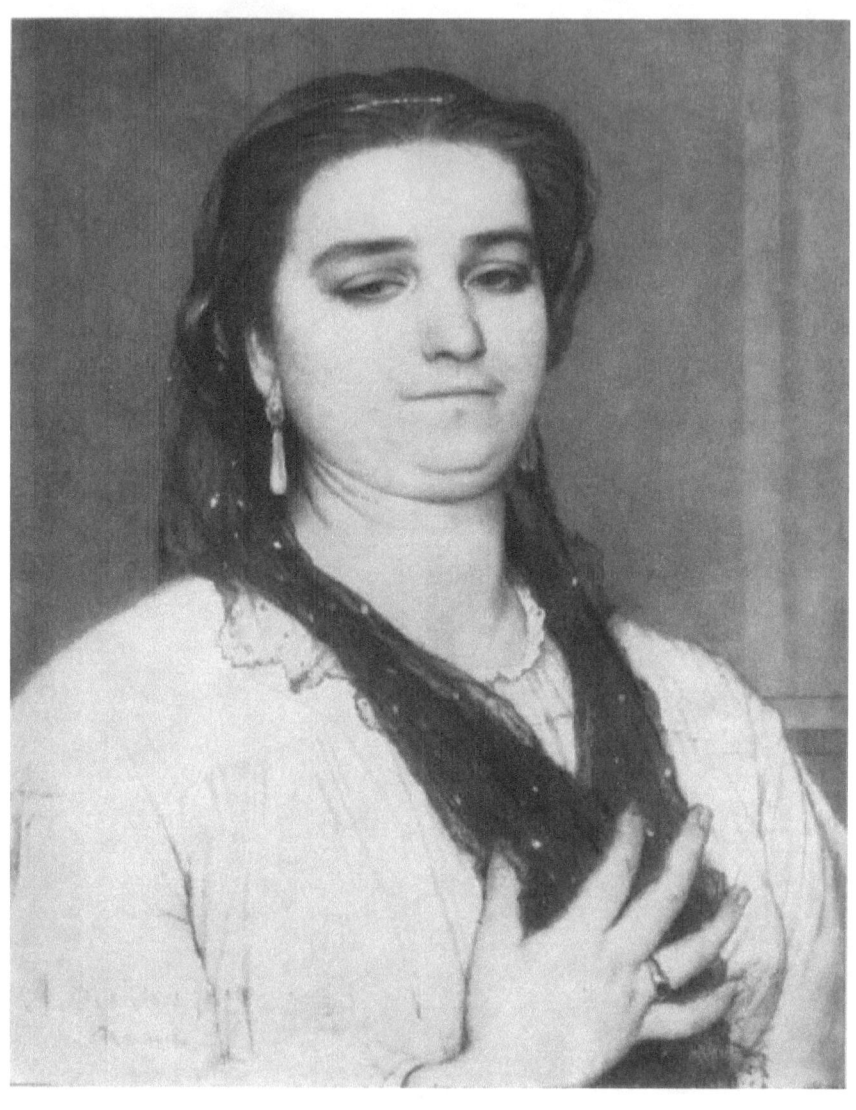

Tafel 20.
Signorina Clara. 1863

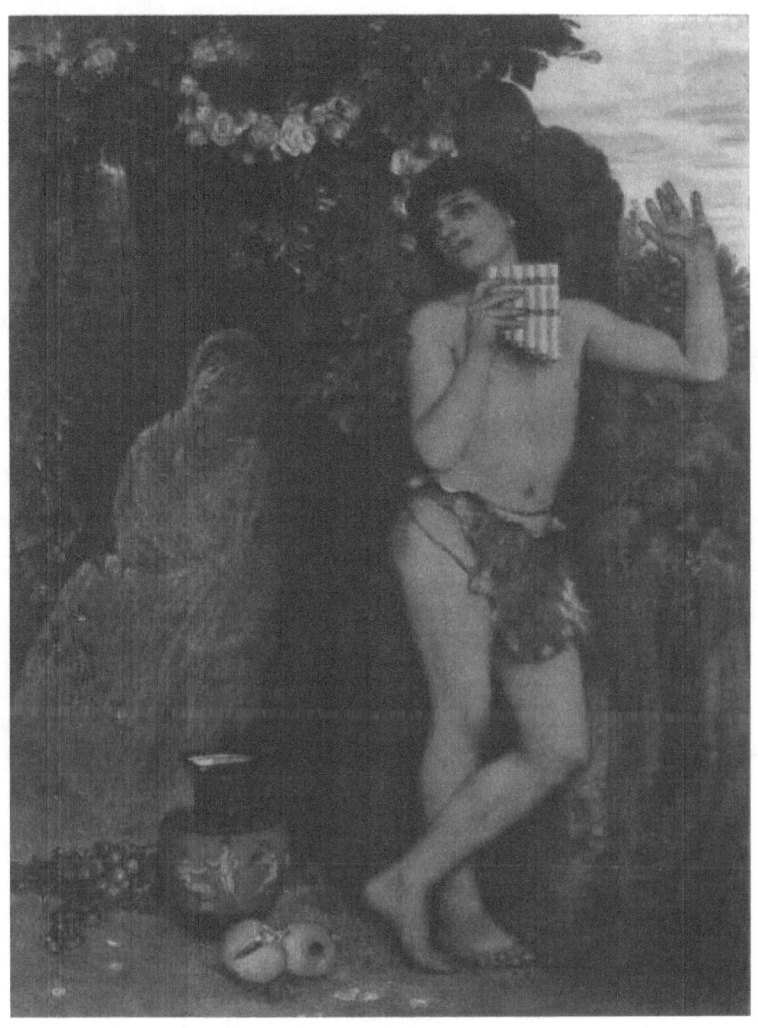

Tafel 21.
Die Klage des Hirten. 1866

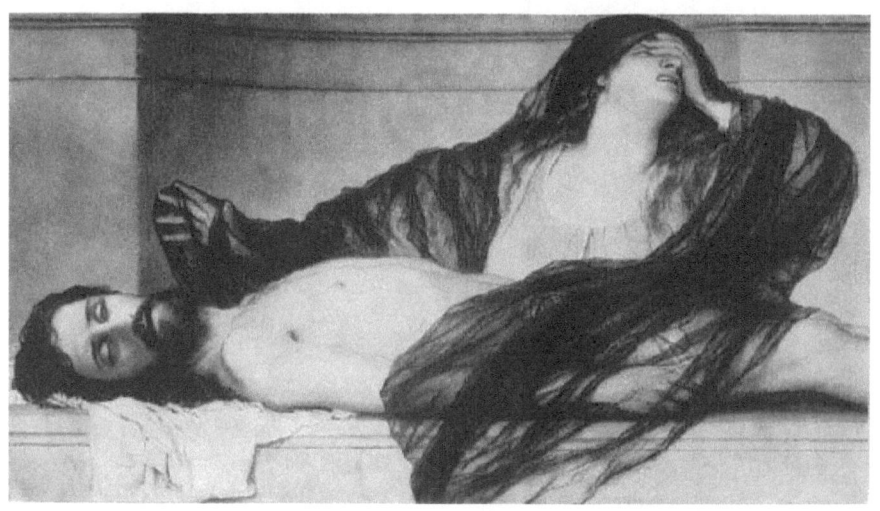

Tafel 22.
Magdalenas Trauer an der Leiche Christi. 1867

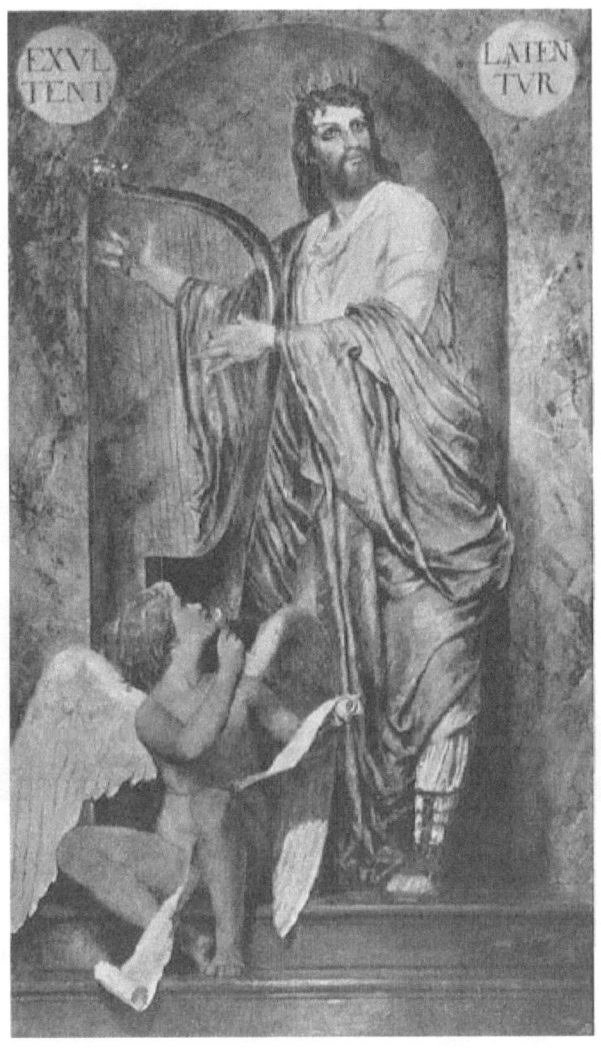

Tafel 23.
König David.
Fresko im Gartensaal des Ratsherrn Sarasin in Basel 1868

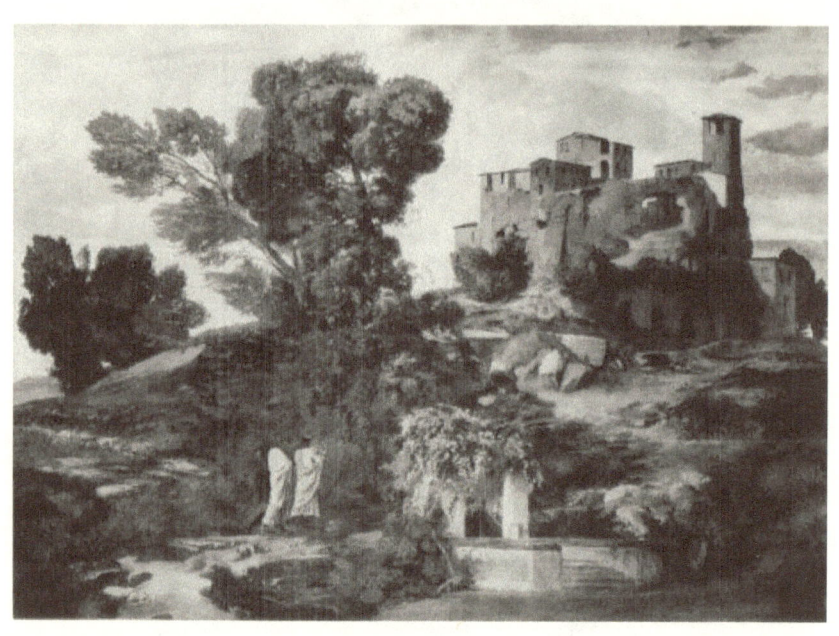

Tafel 24.
Der Gang nach Emmaus.
Fresko im Gartensaal des Ratsherrn Sarasin in Basel 1868

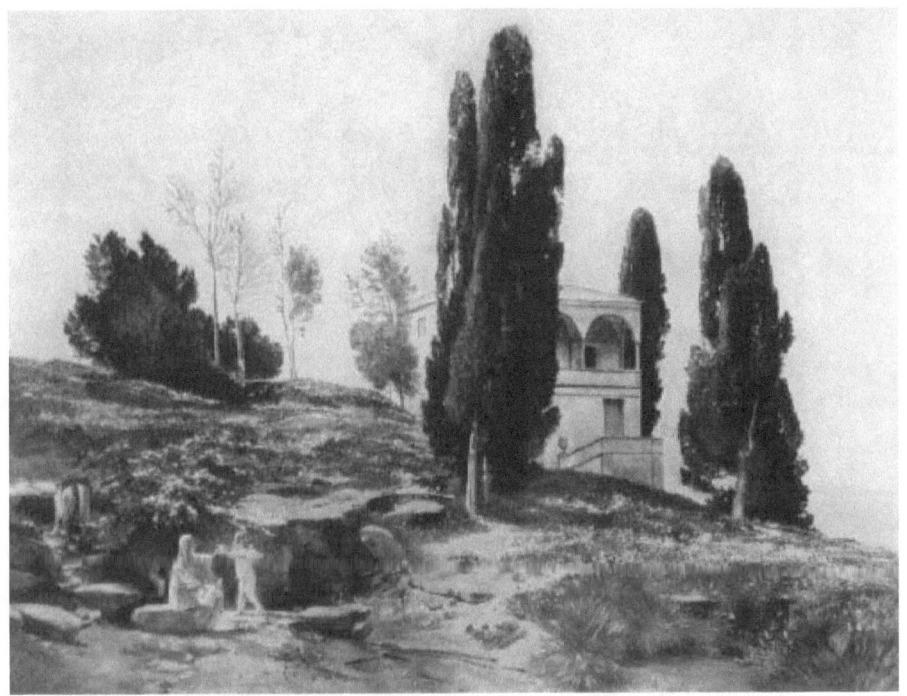

Tafel 25.
Rast auf der Flucht nach Ägypten.
Fresko im Gartensaal des Ratsherrn Sarasin in Basel 1868

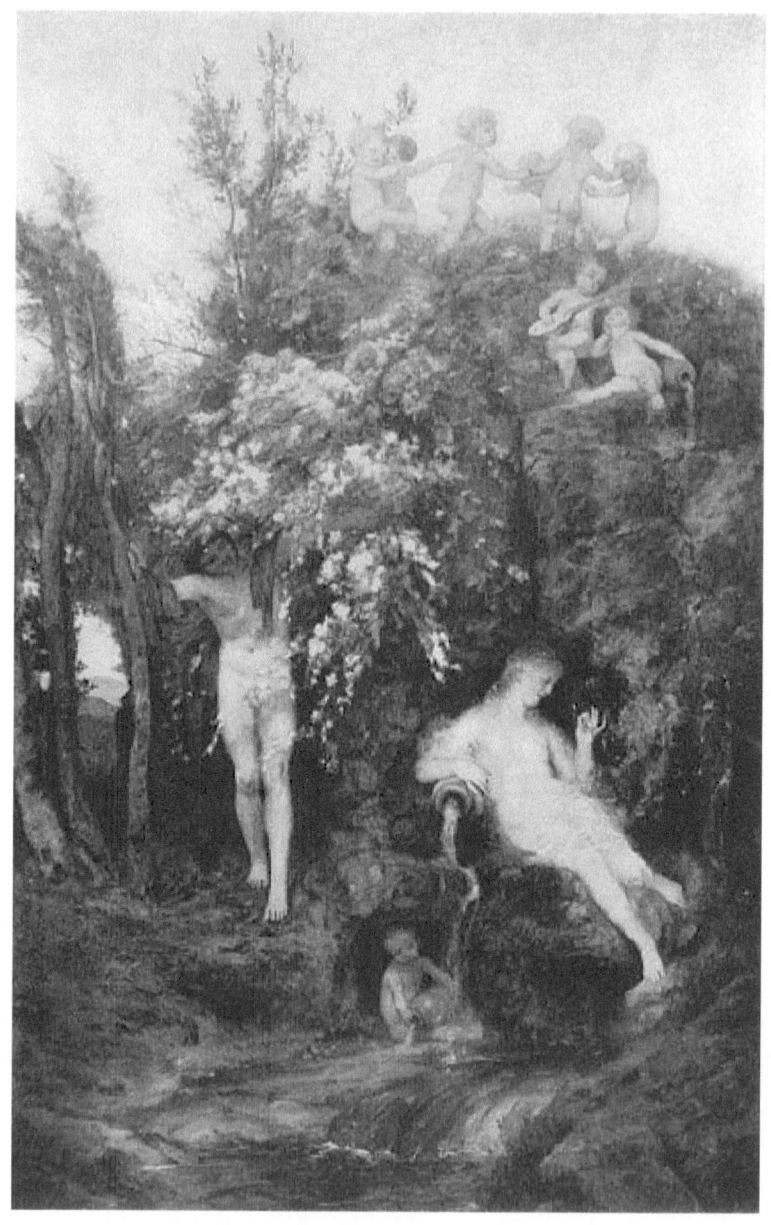

Tafel 26.
Liebesfrühling. 1868

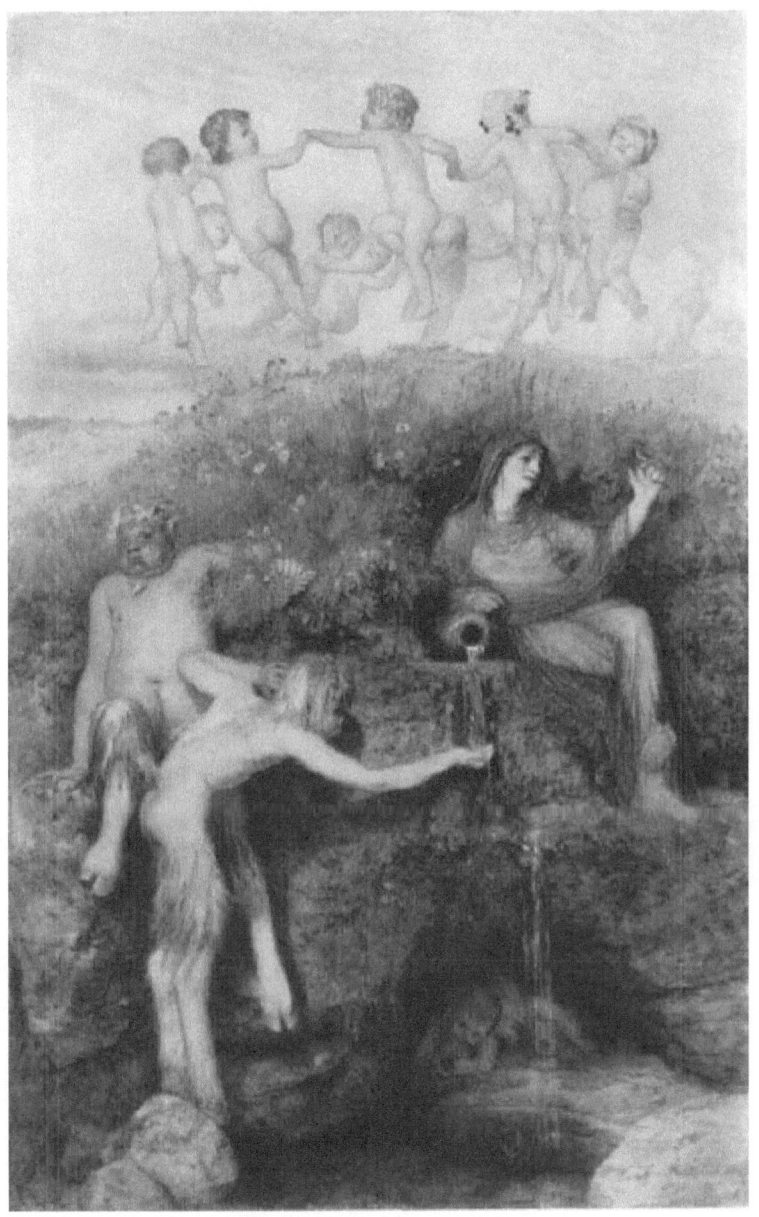

Tafel 27.
Frühlingsreigen (Wiesenquelle). 1869

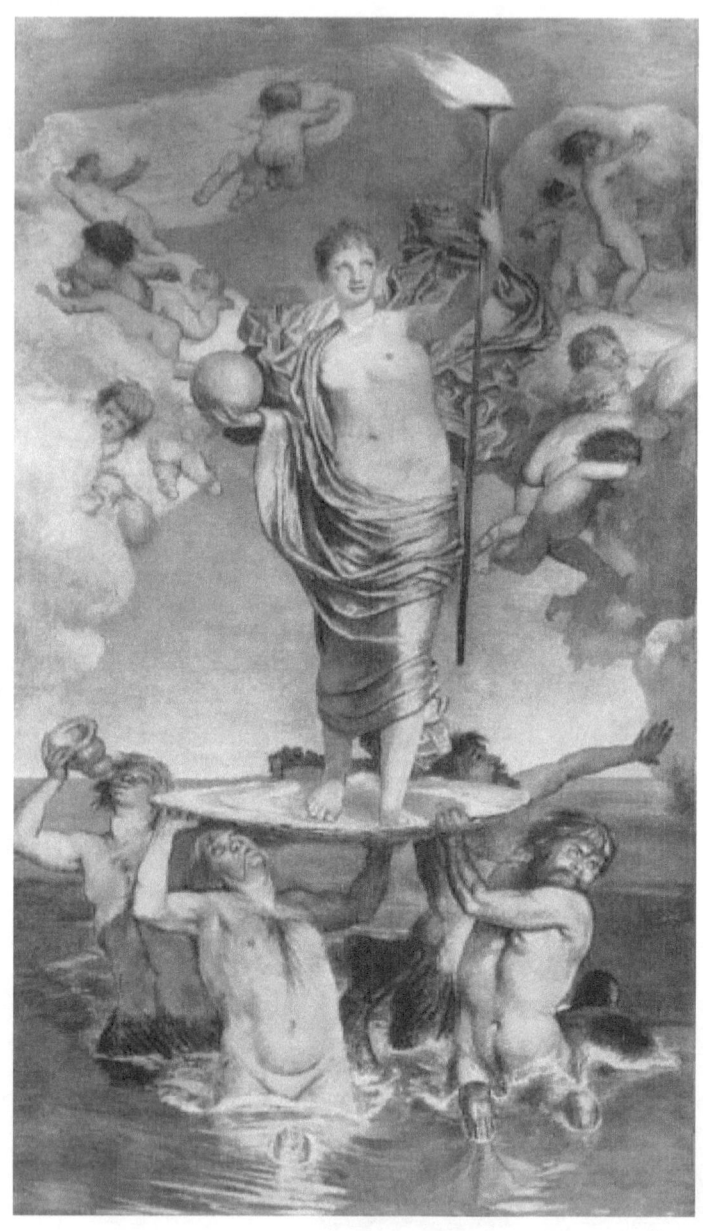

Tafel 28.
Magna Mater
Fresko im Treppenhaus des Museums zu Basel 1868-1870

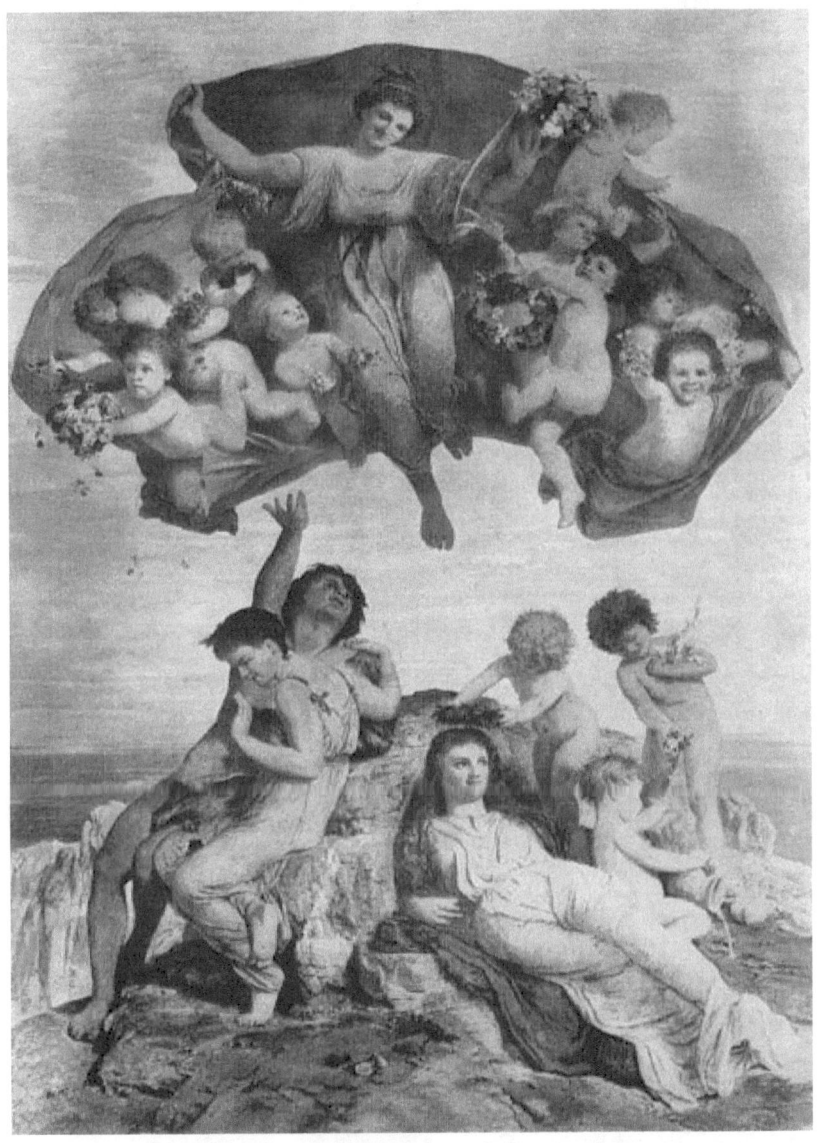

Tafel 29.
Flora
Fresko im Treppenhaus des Museums zu Basel   1868-1870

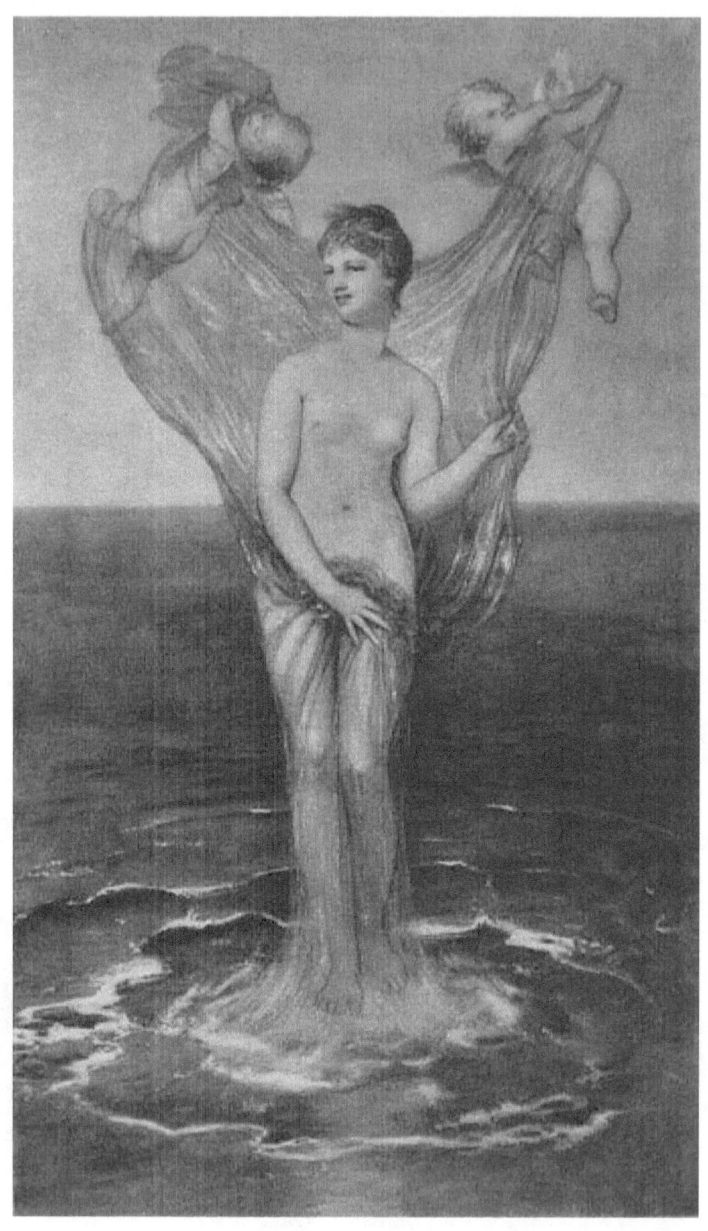

Tafel 30.
Die Geburt der Venus. 1869

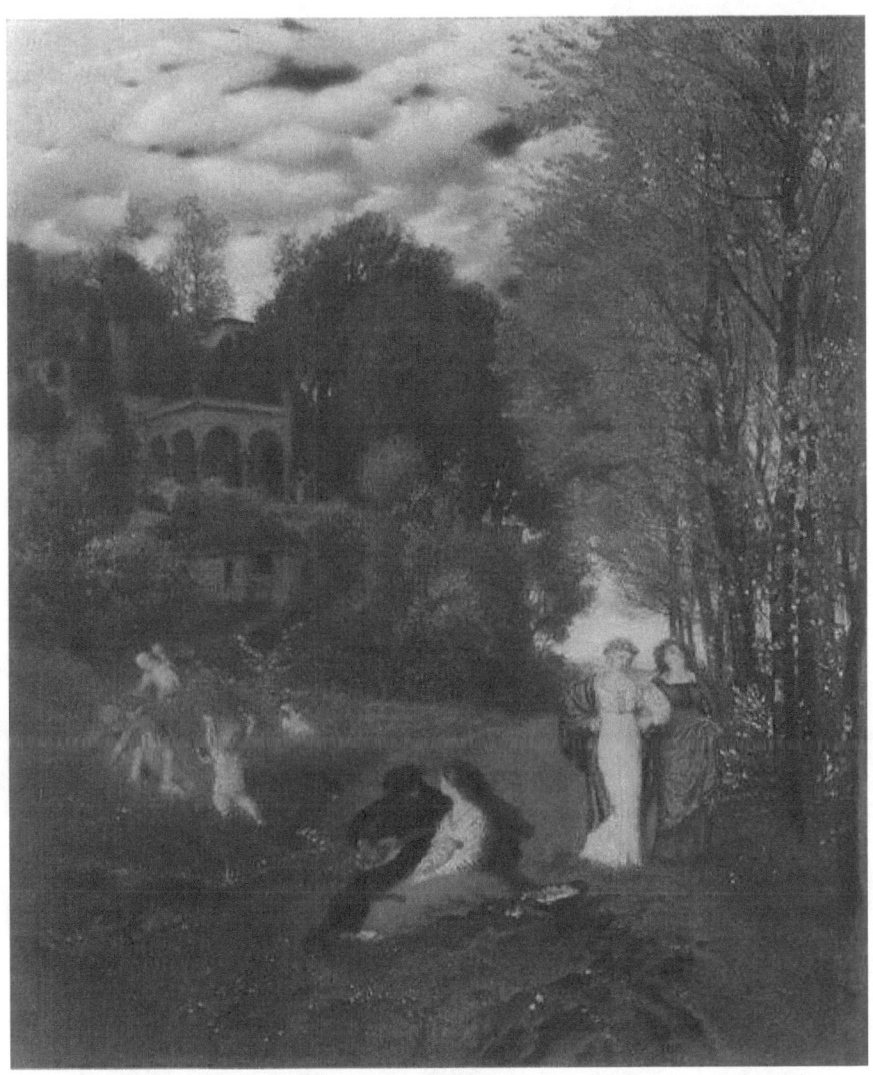

Tafel 31.
Ideale Frühlingslandschaft. 1870

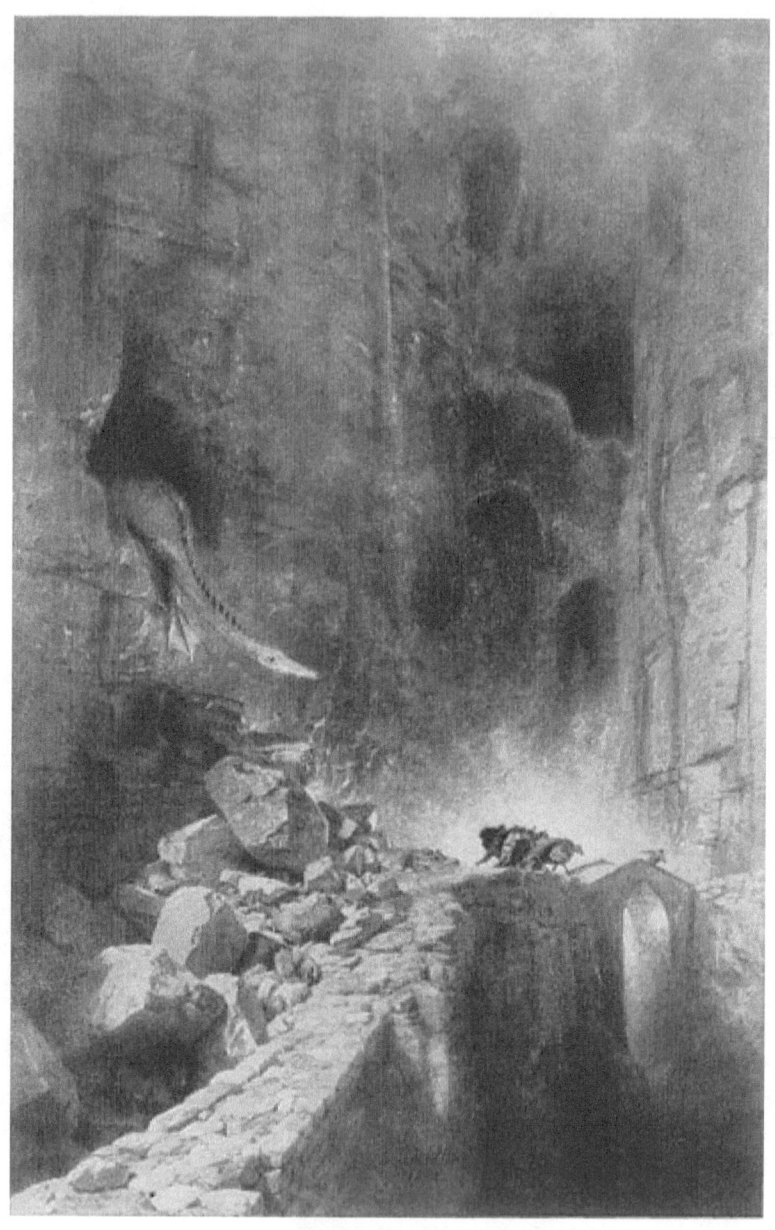

Tafel 32.
Die Felsenschlucht. 1870

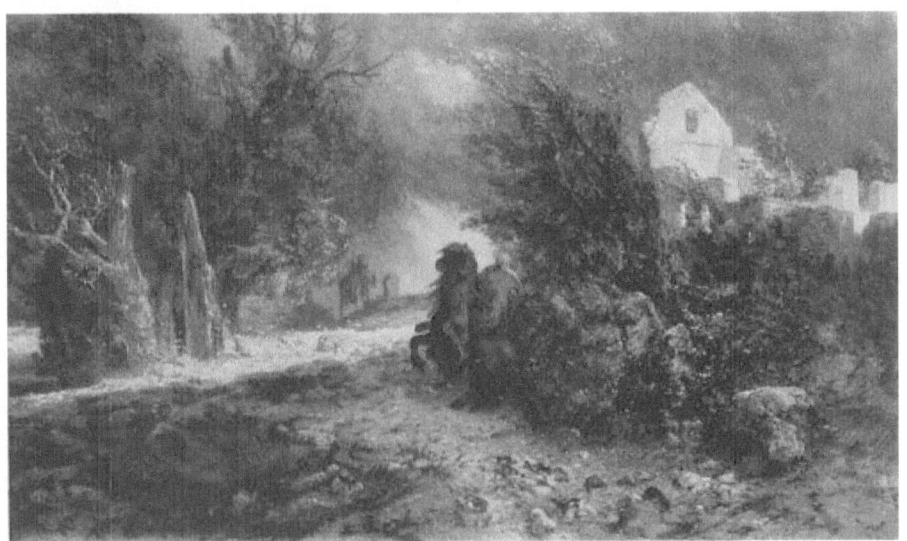

Tafel 33.
Der Ritt des Todes. 1871

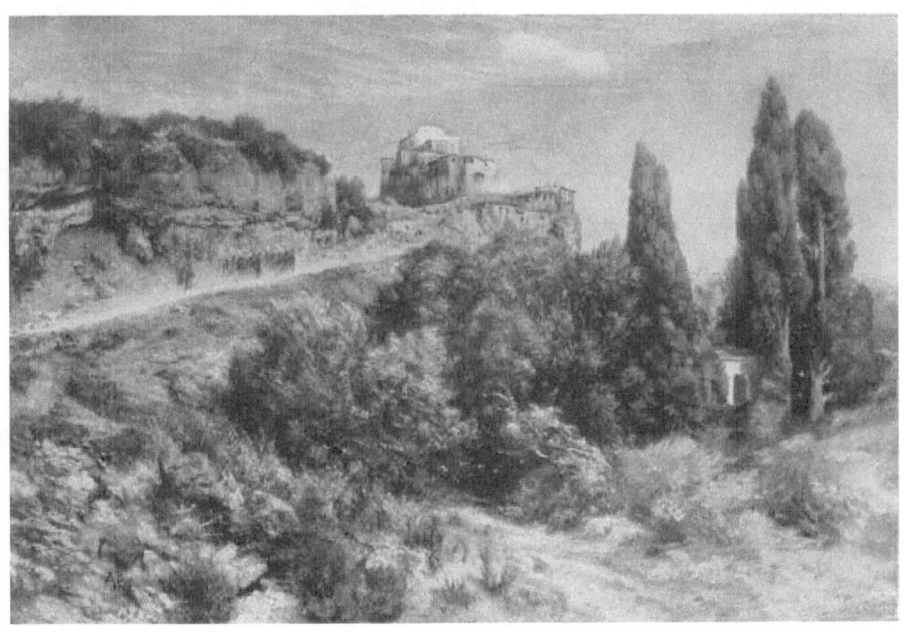

Tafel 34.
Bergschloß, zu Welchem Krieger Hinaufziehen. 1871

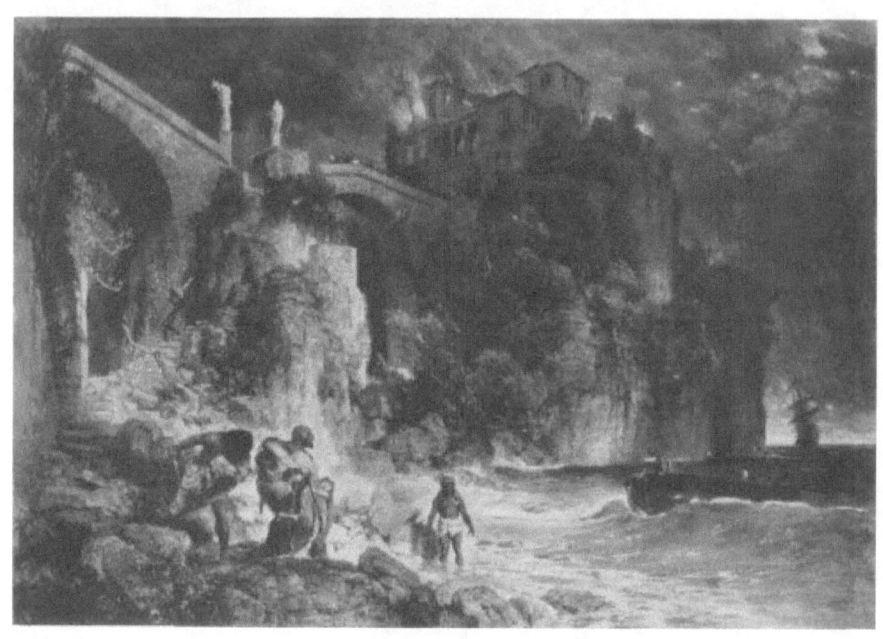

Tafel 35.
Überfall von Seeräubern. 1872

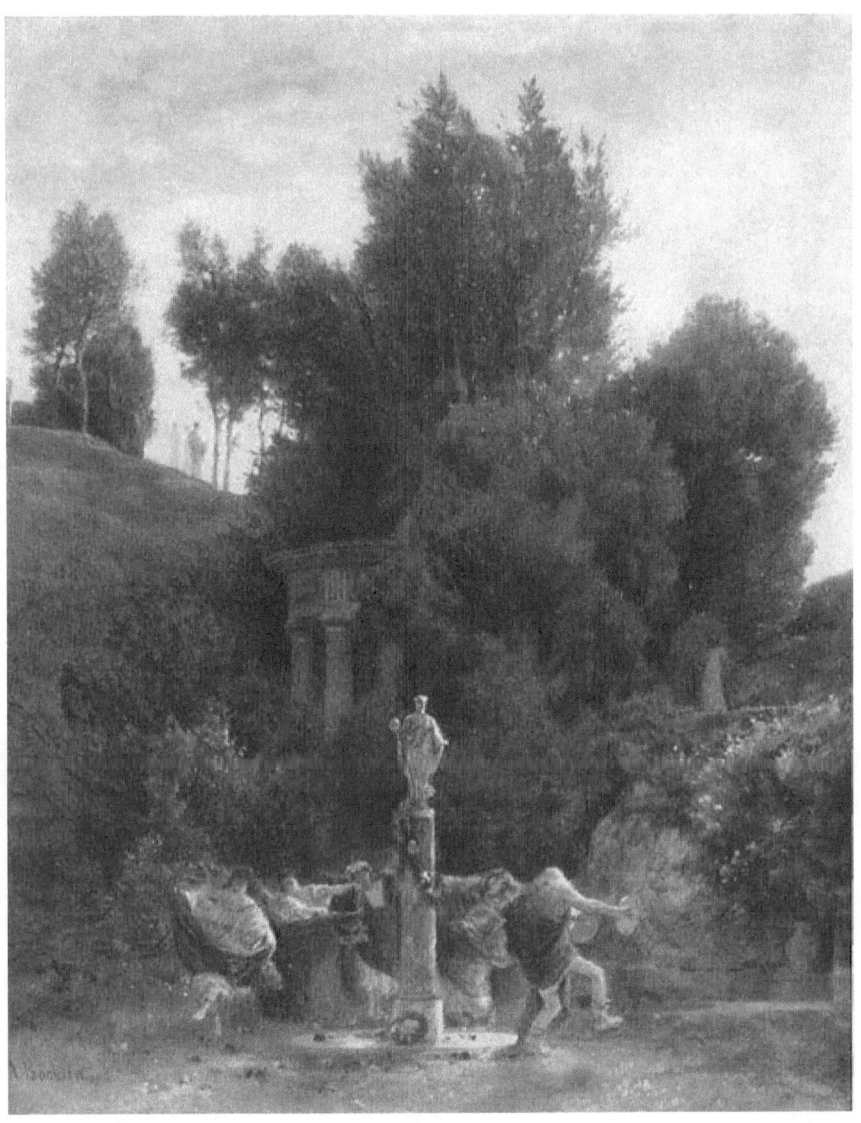

Tafel 36.
Altrömische Maifeier. 1872

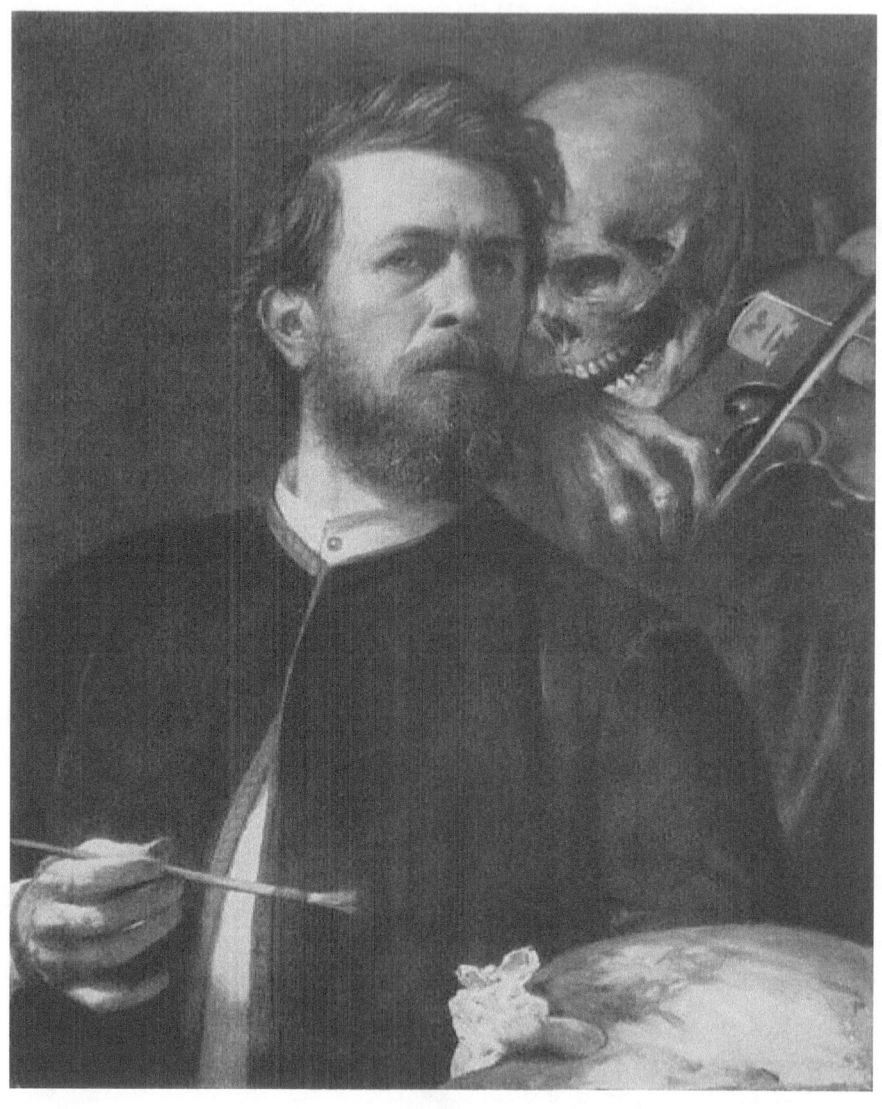

Tafel 37.
Selbstbildnis. 1872

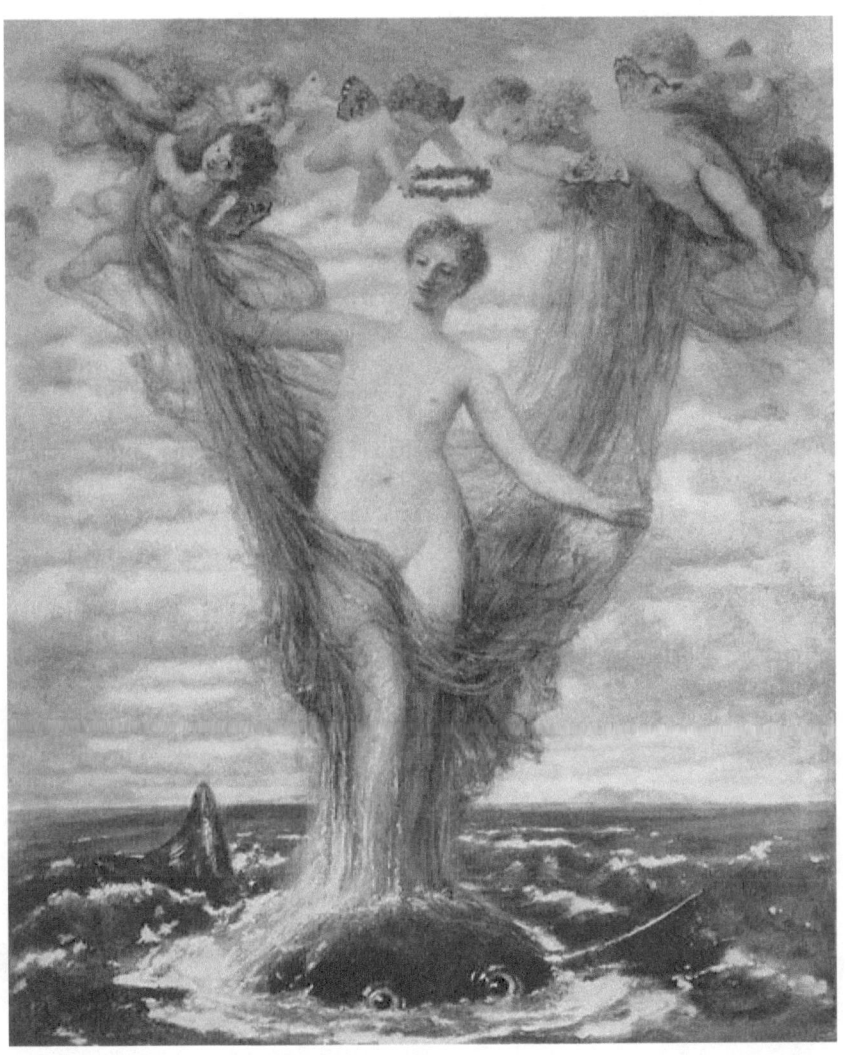

Tafel 38.
Venus Anadyomene. 1873

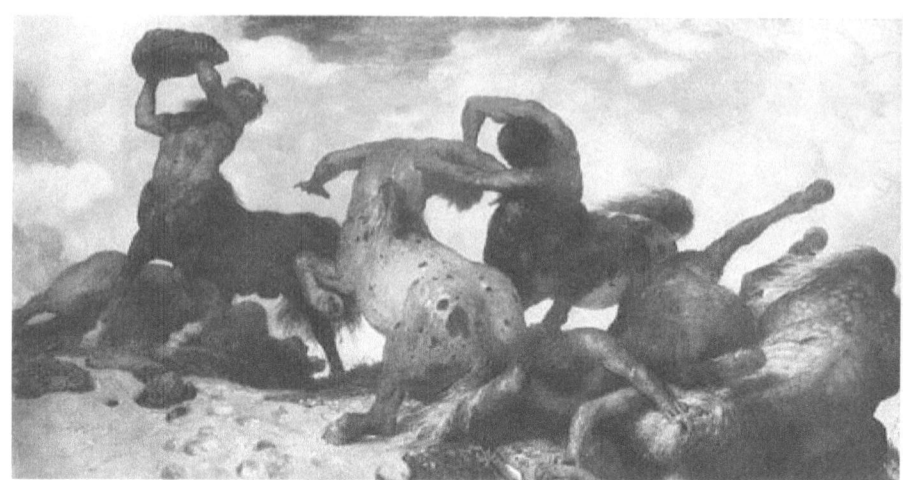

Tafel 39.
Kentaurenkampf. Erste Fassung. 1873

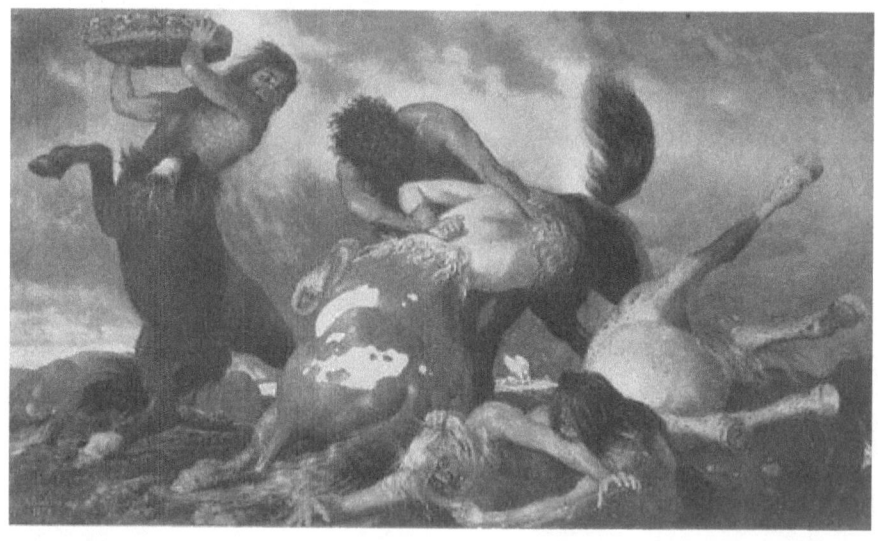

Tafel 40.
Kentaurenkampf. Zweite Fassung. 1878

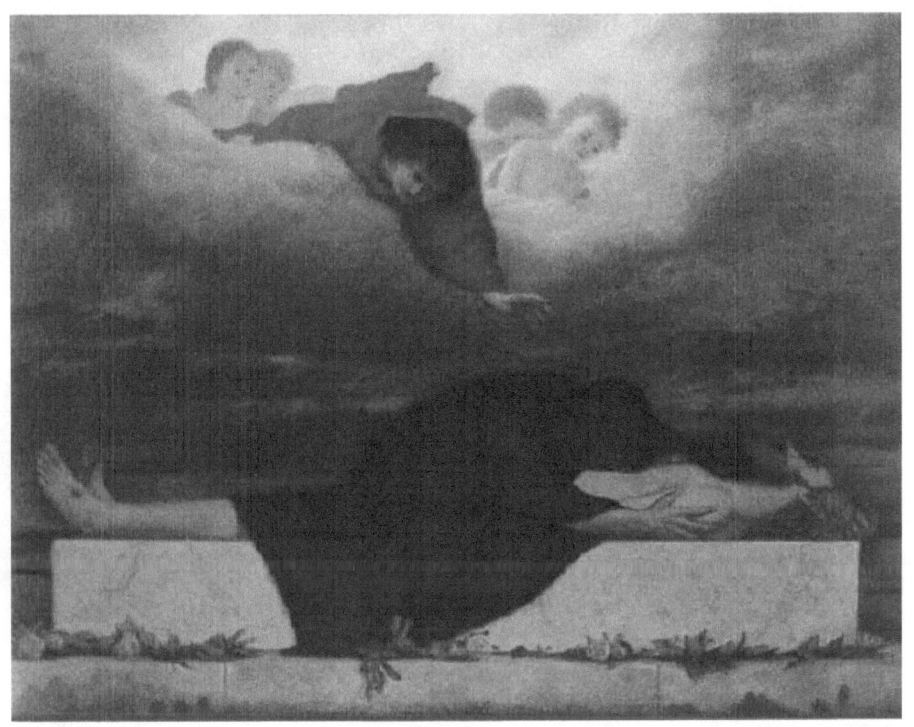

Tafel 41.
Pietà. 1873

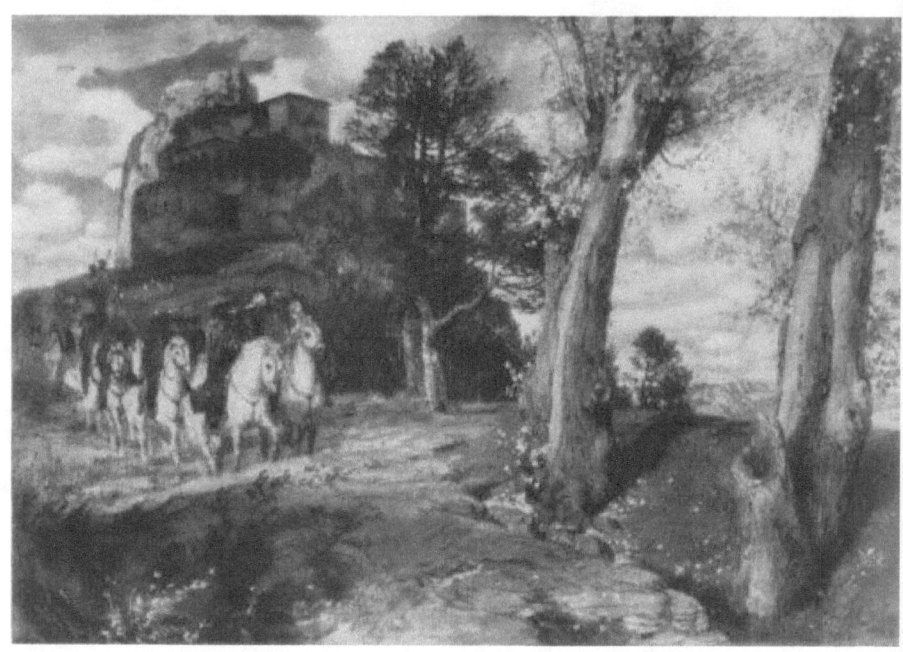

Tafel 42.
Landschaft mit maurischen Reitern. 1873

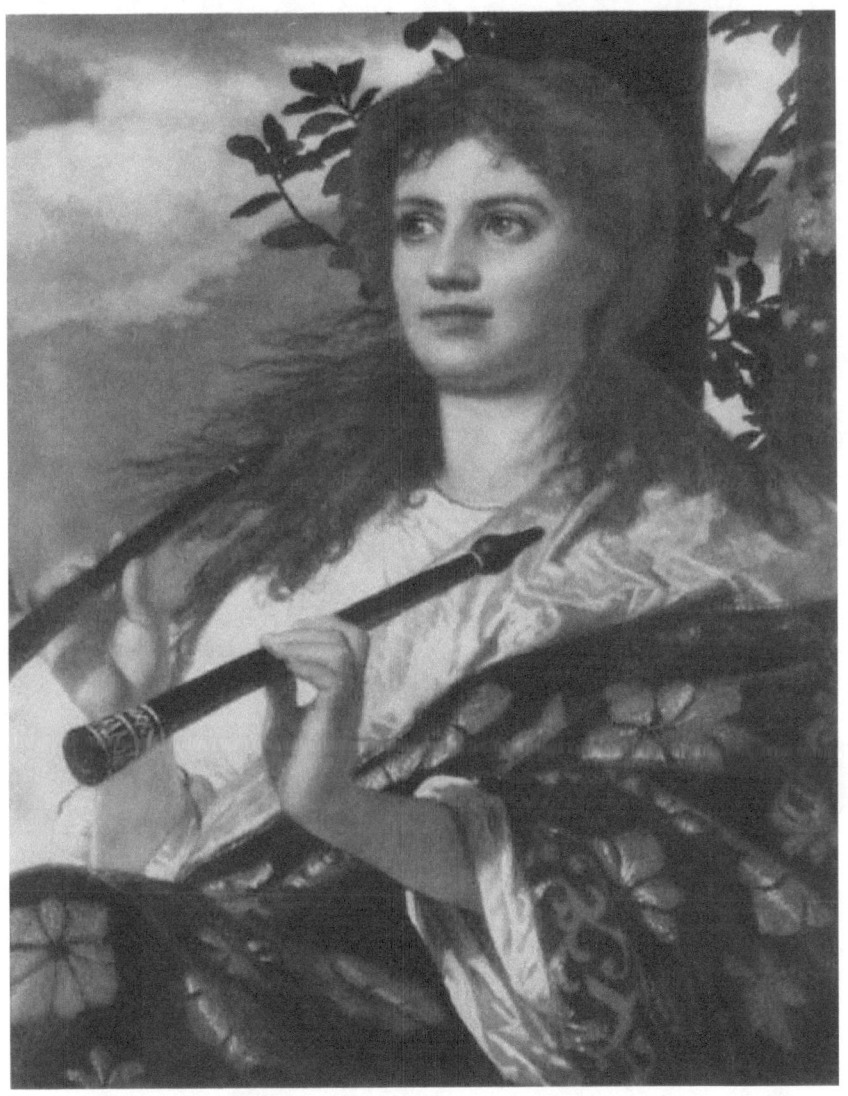

Tafel 43.
Die Muse des Anakreon. 1873

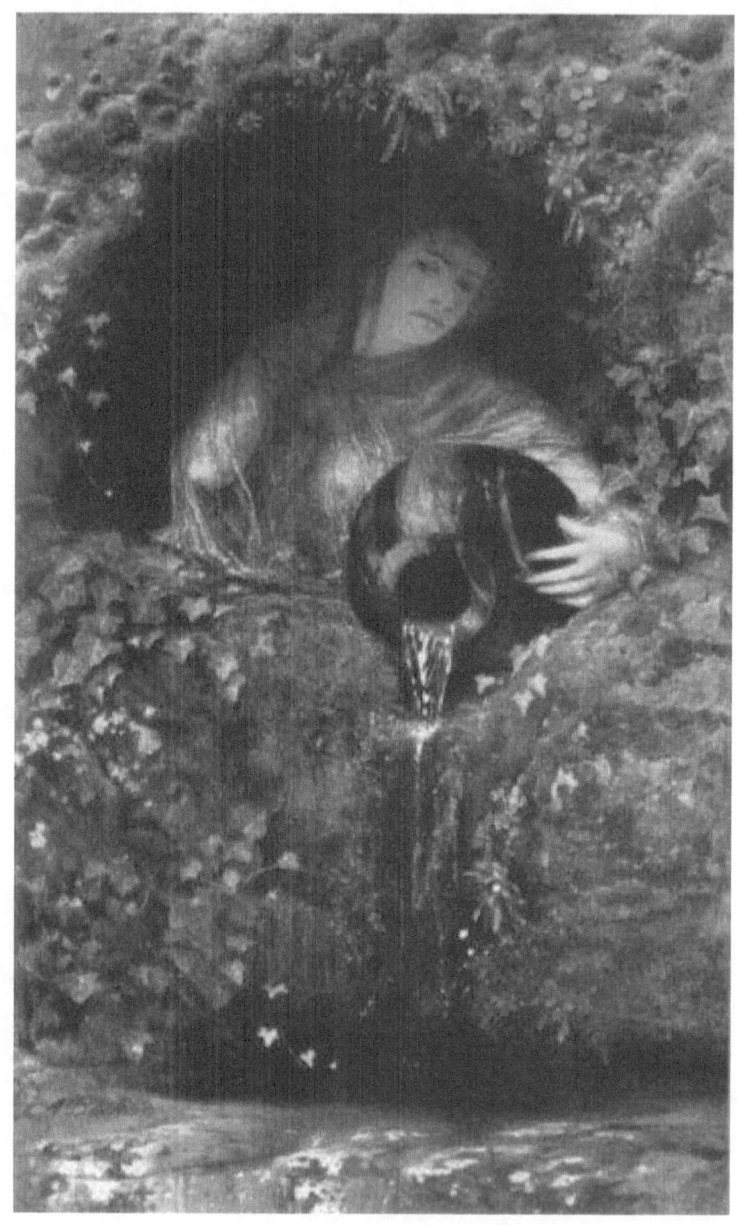

Tafel 44.
Quellnymphe. 1874

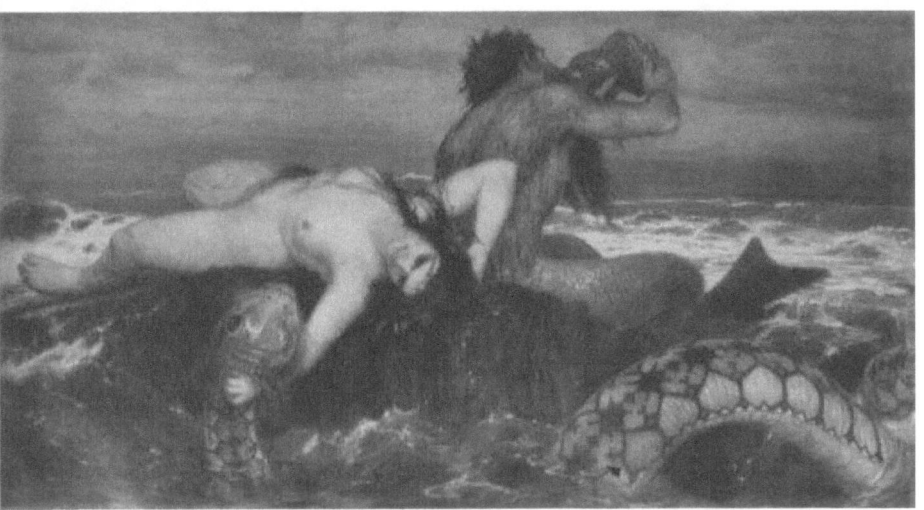

Tafel 45.
Triton und Nereide. Erste Fassung. 1873-1874

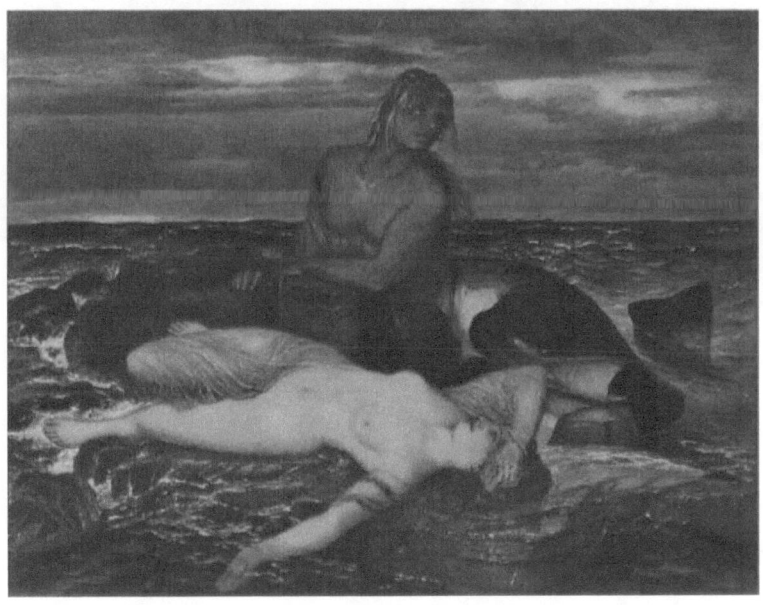

Tafel 46.
Triton und Nereide. Dritte Fassung. 1875

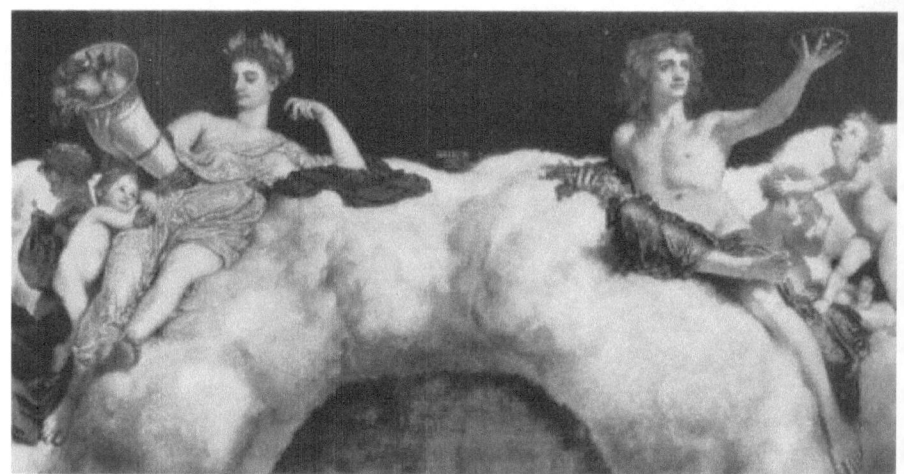

Tafel 47.
Ceres und Bacchus. 1874

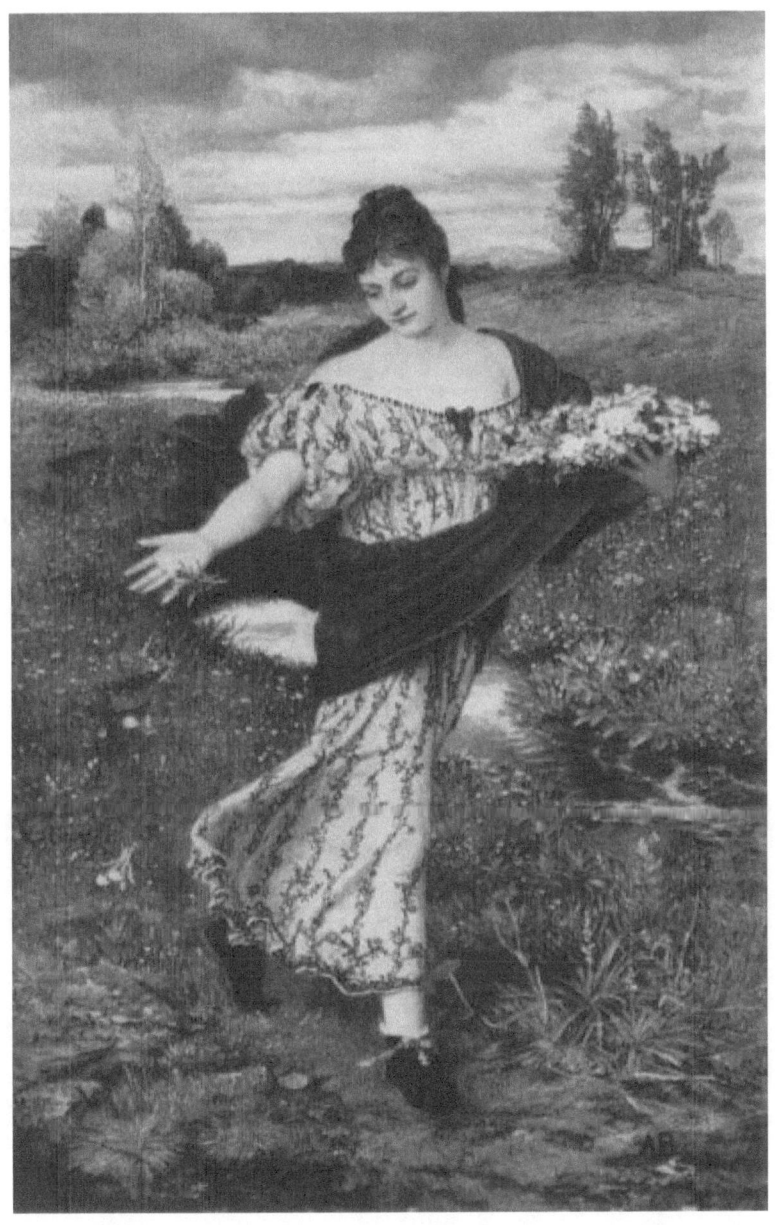

Tafel 48.
Flora, Blumen streuend. 1875

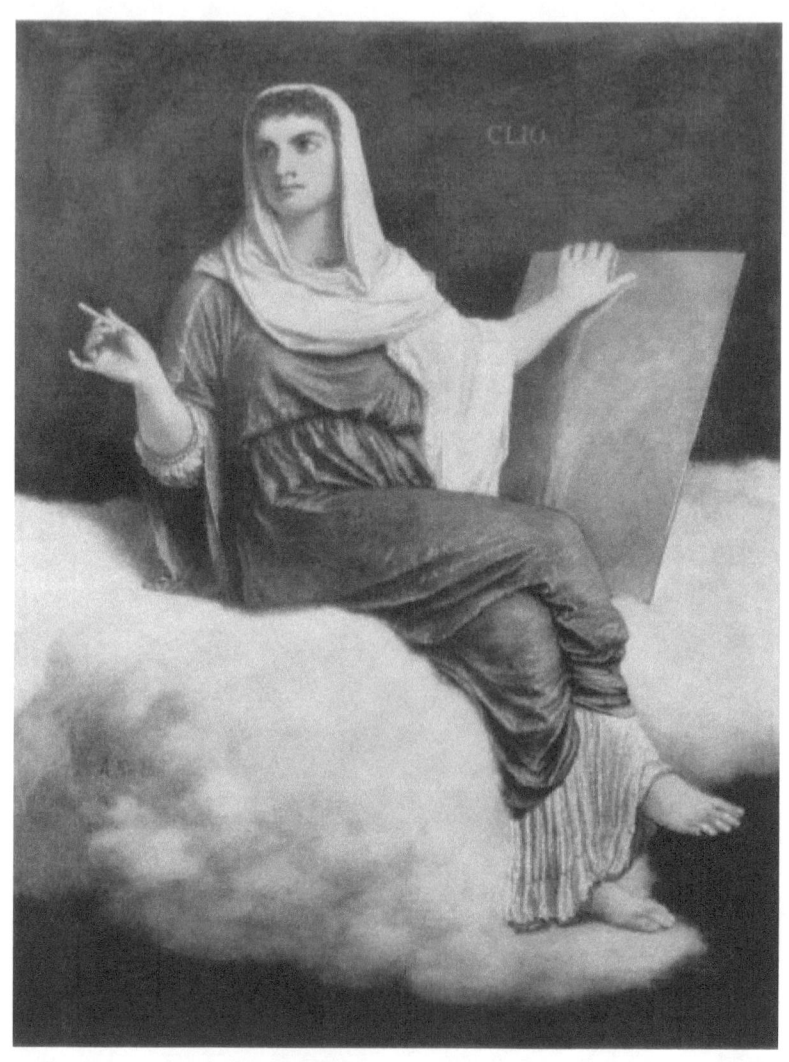

Tafel 49.
Klio. 1875

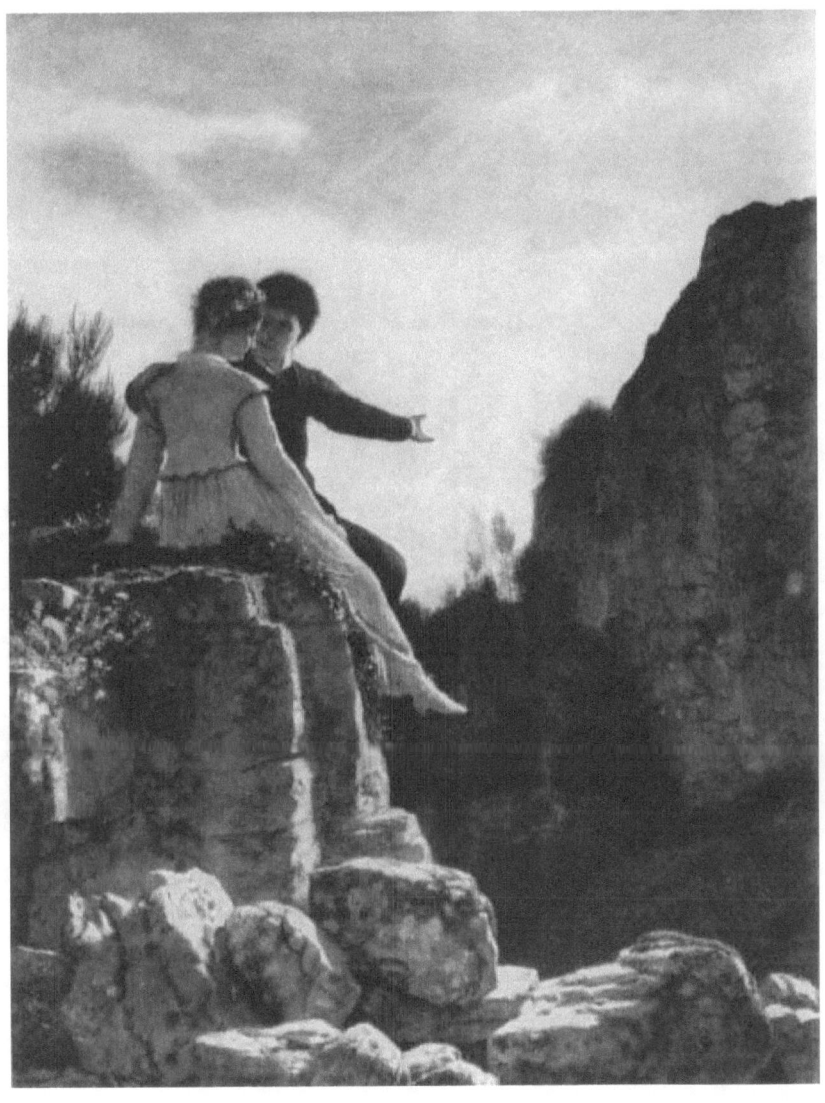

Tafel 50.
Hochzeitsreise. Um 1876

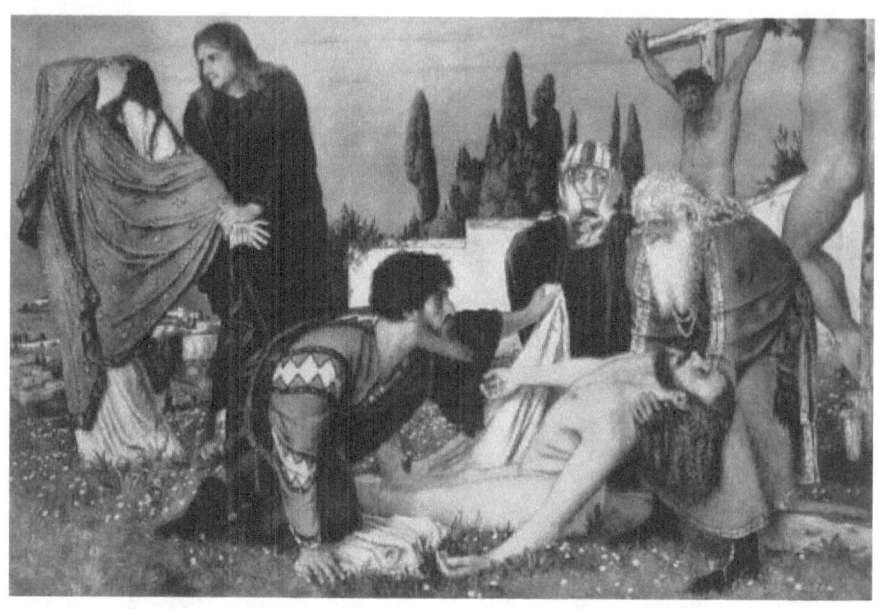

Tafel 51.
Kreuzabnahme. 1876

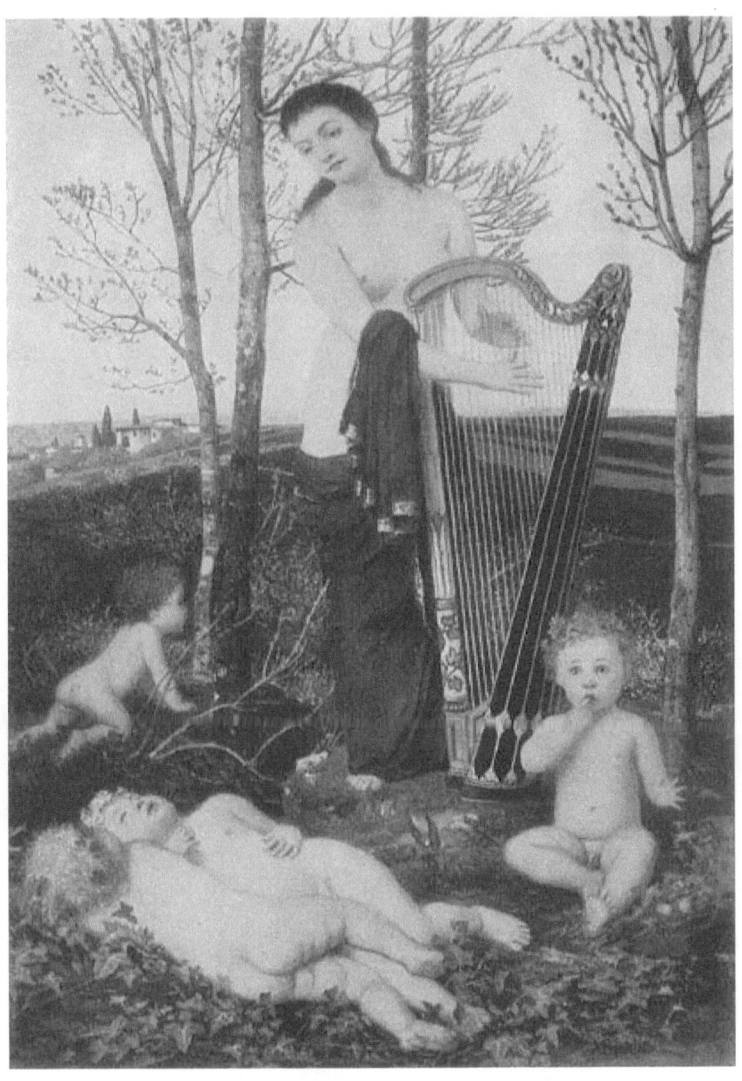

Tafel 52.āa
Flora, die Blumen weckend. 1876

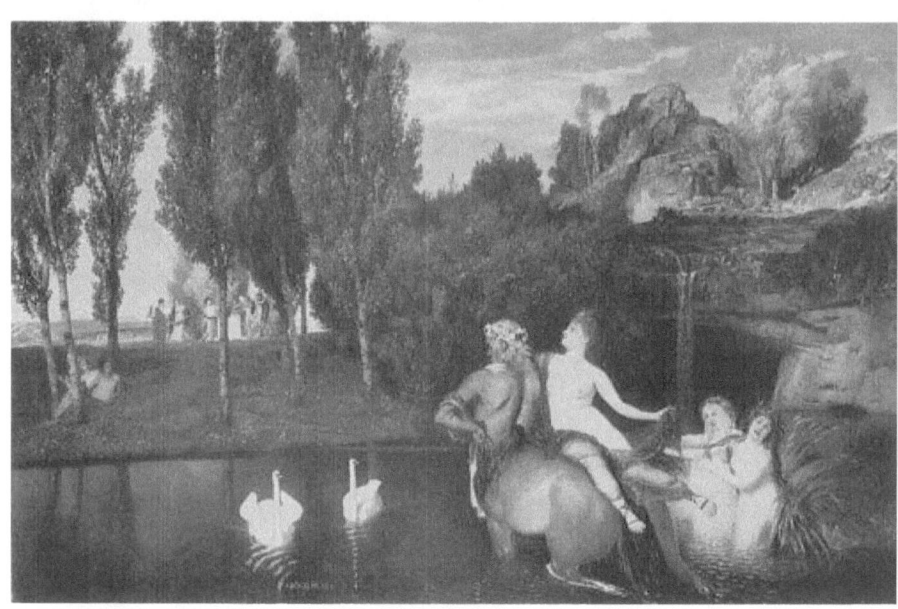

Tafel 53.
Die Gefilde der Seligen.ā 1878

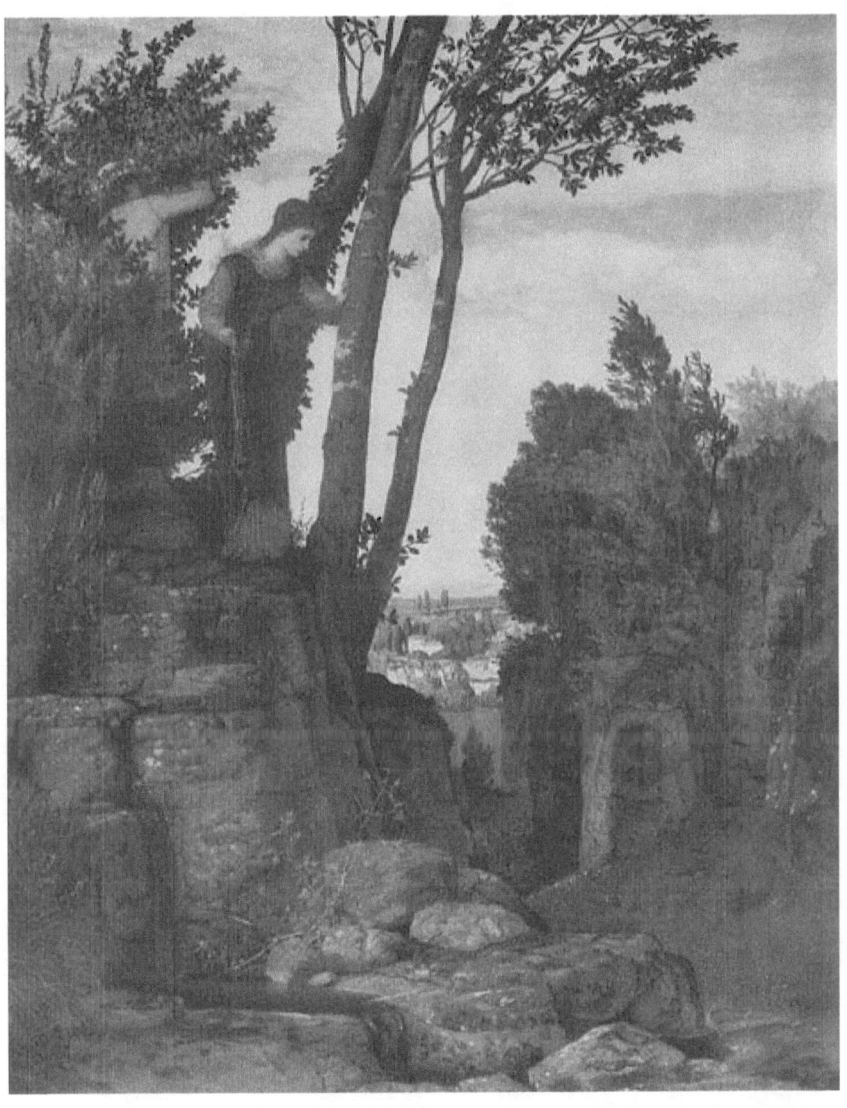

Tafel 54.
Rückblick auf Italien. 1878

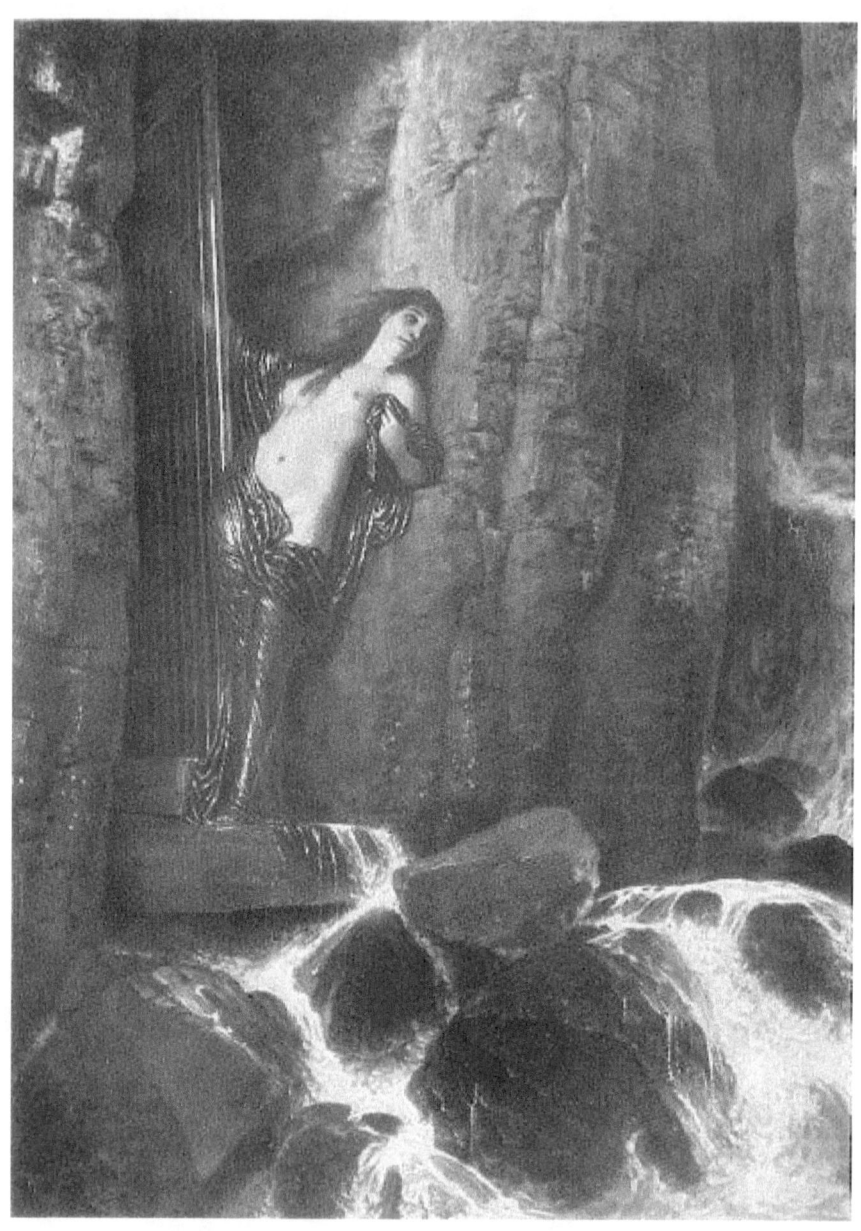

Tafel 55.
Meeresbrandung. 1879

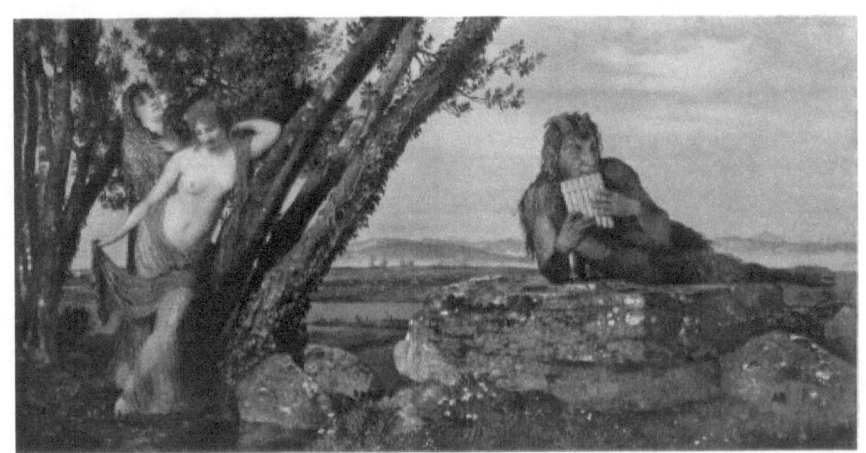

Tafel 56.
Frühlingsabend. 1879

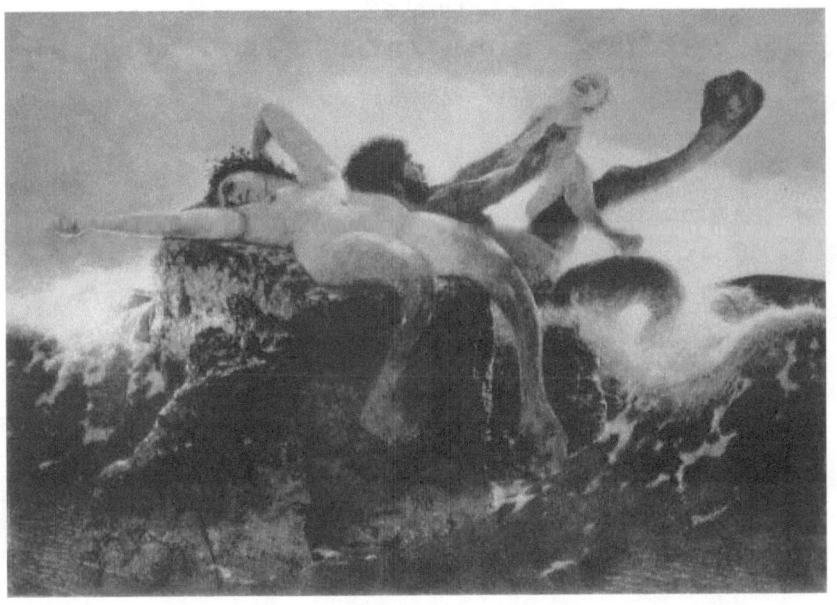

Tafel 57.
Tritonenfamilie. 1880

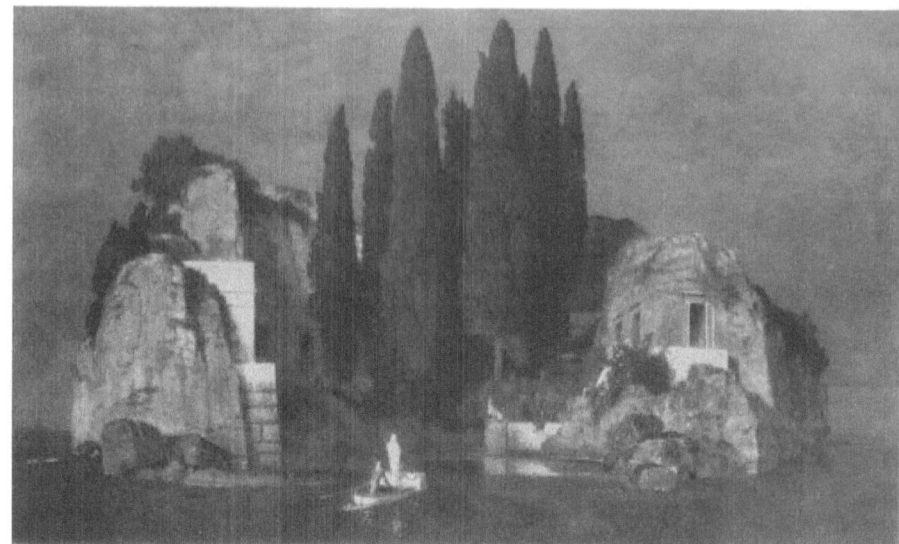

Tafel 58.
Die Insel der Toten. Zweite Fassung. 1880

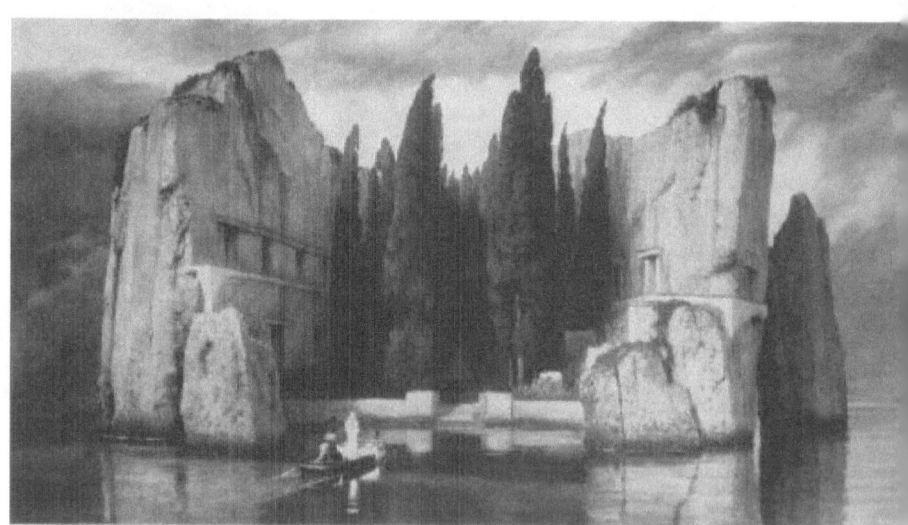

Tafel 59.
Die Insel der Toten. Dritte Fassung. 1883

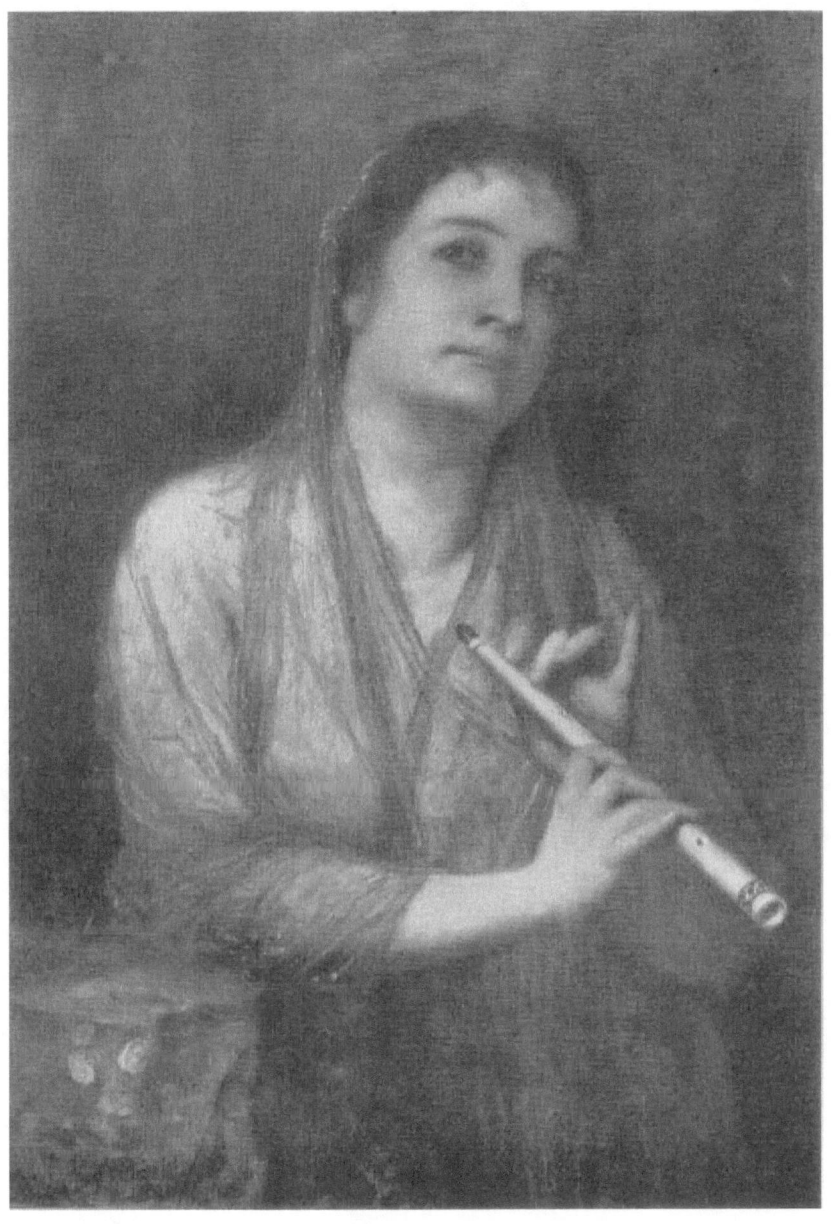

Tafel 60.
Flötende Nymphe. 1881

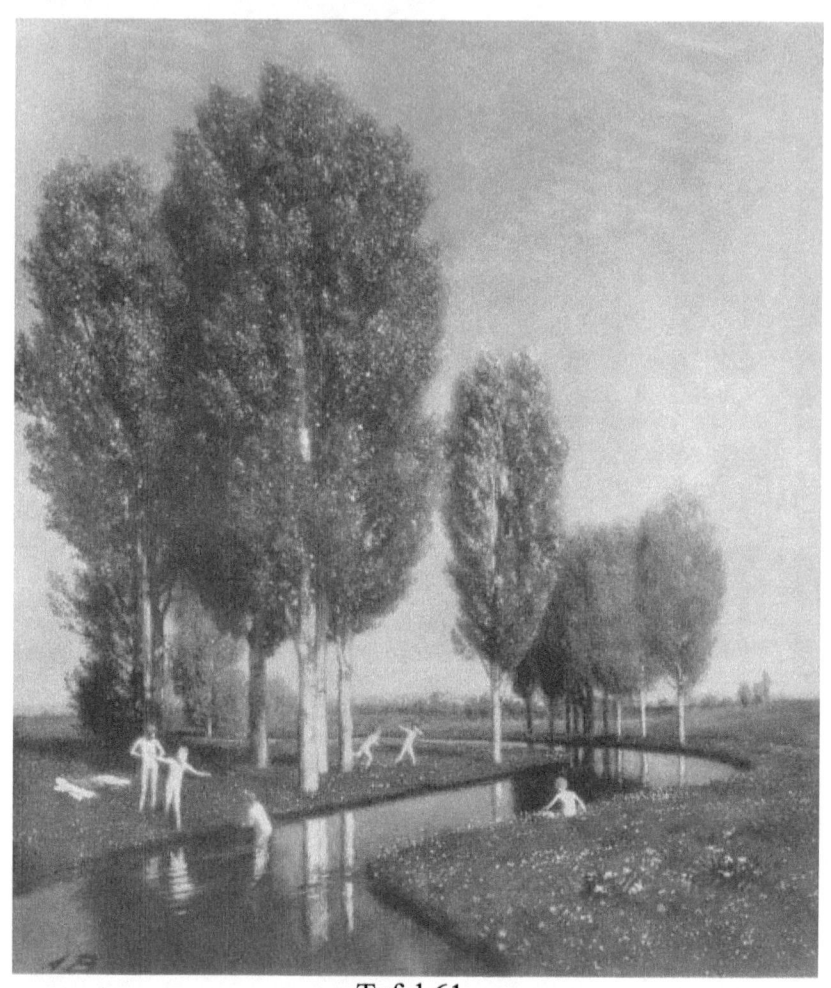

Tafel 61.
Sommertag. 1881

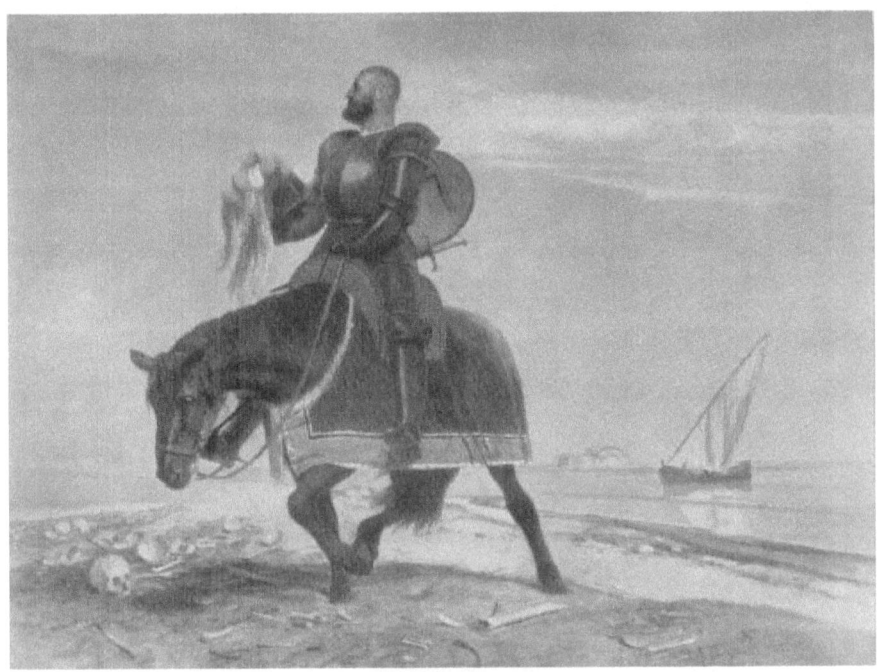

Tafel 62.
Der Abenteurer. 1882

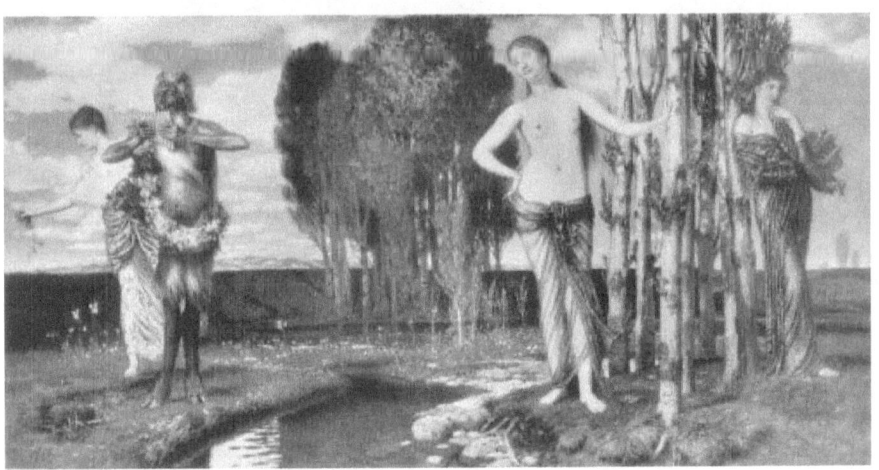

Tafel 63.
Frühlings Erwachen. 1880

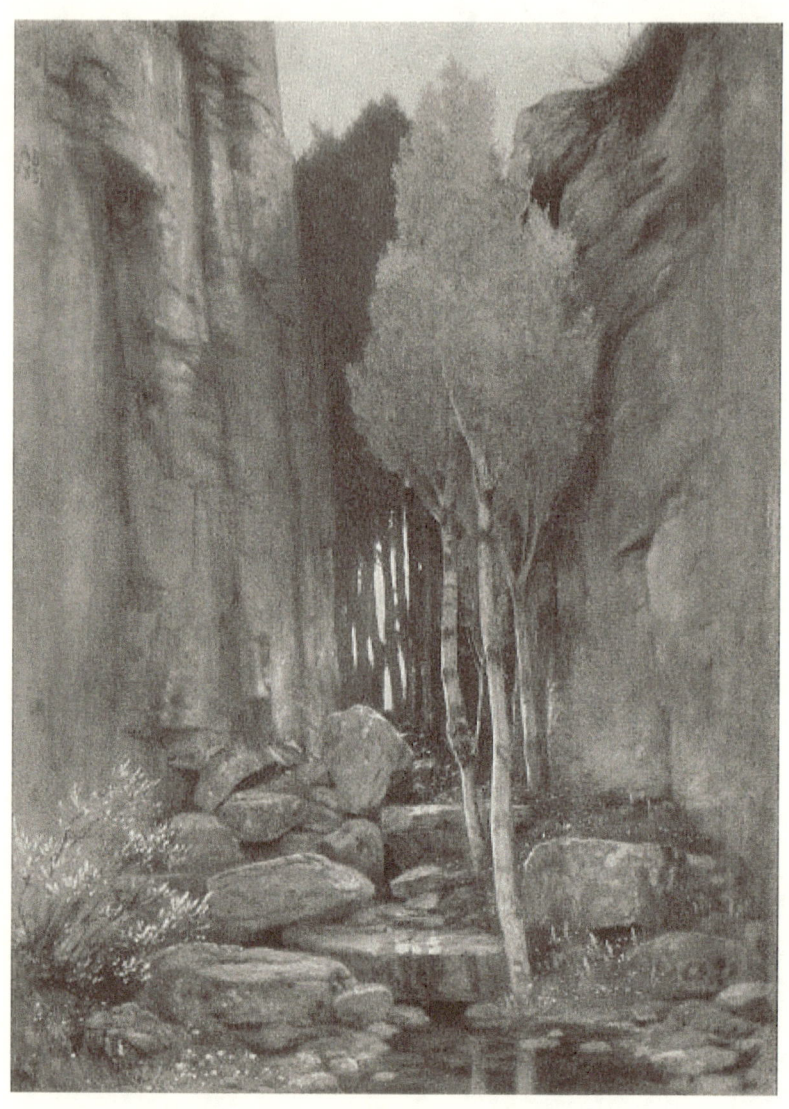

Tafel 64.
Quell in einer Felsschlucht. 1881

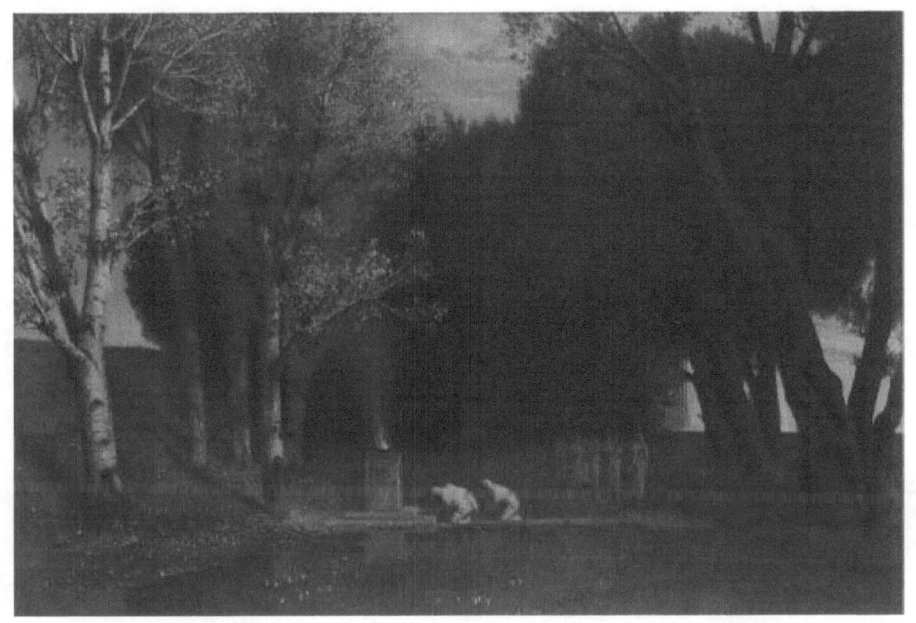

Tafel 65.
Heiliger Hain. 1882

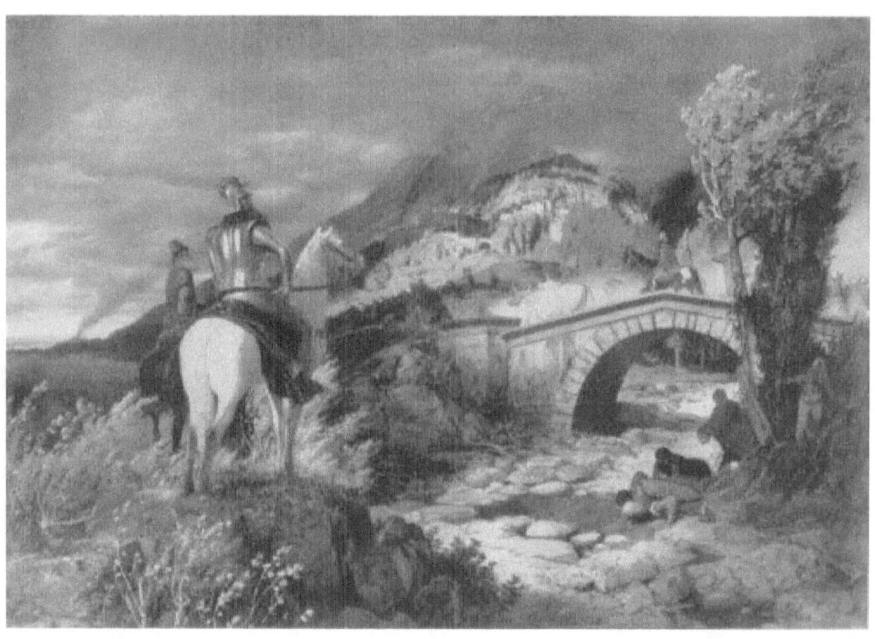

Tafel 66.
Gotenzug. 1881

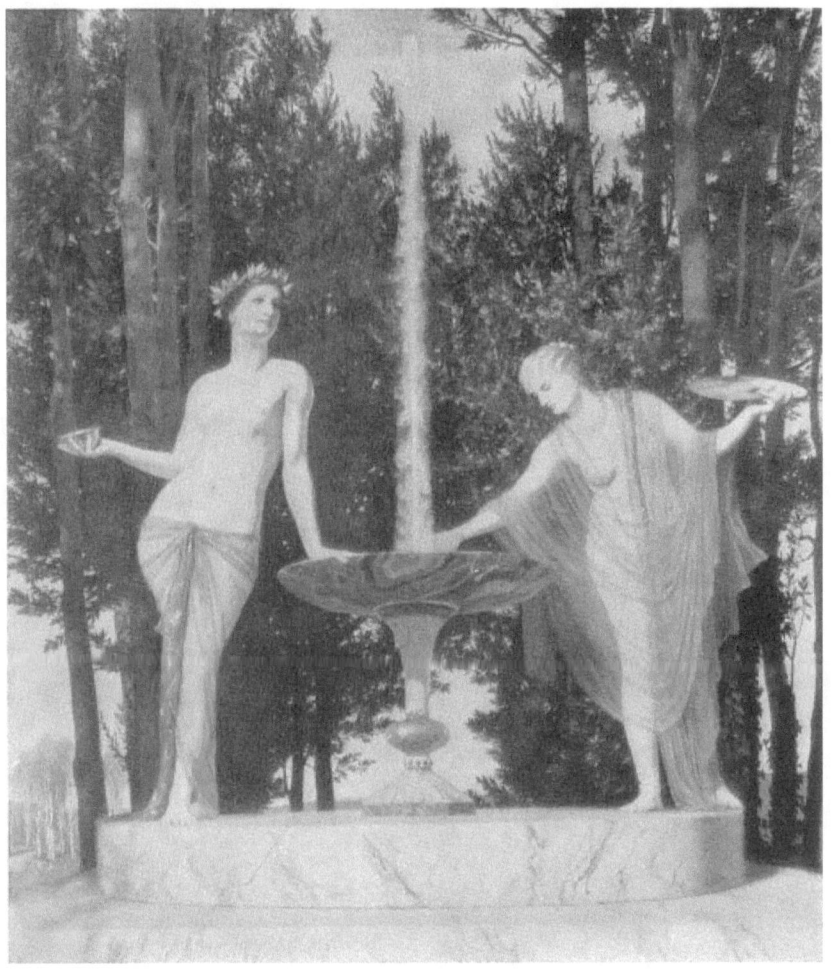

Tafel 67.
Malerei und Dichtung. 1882

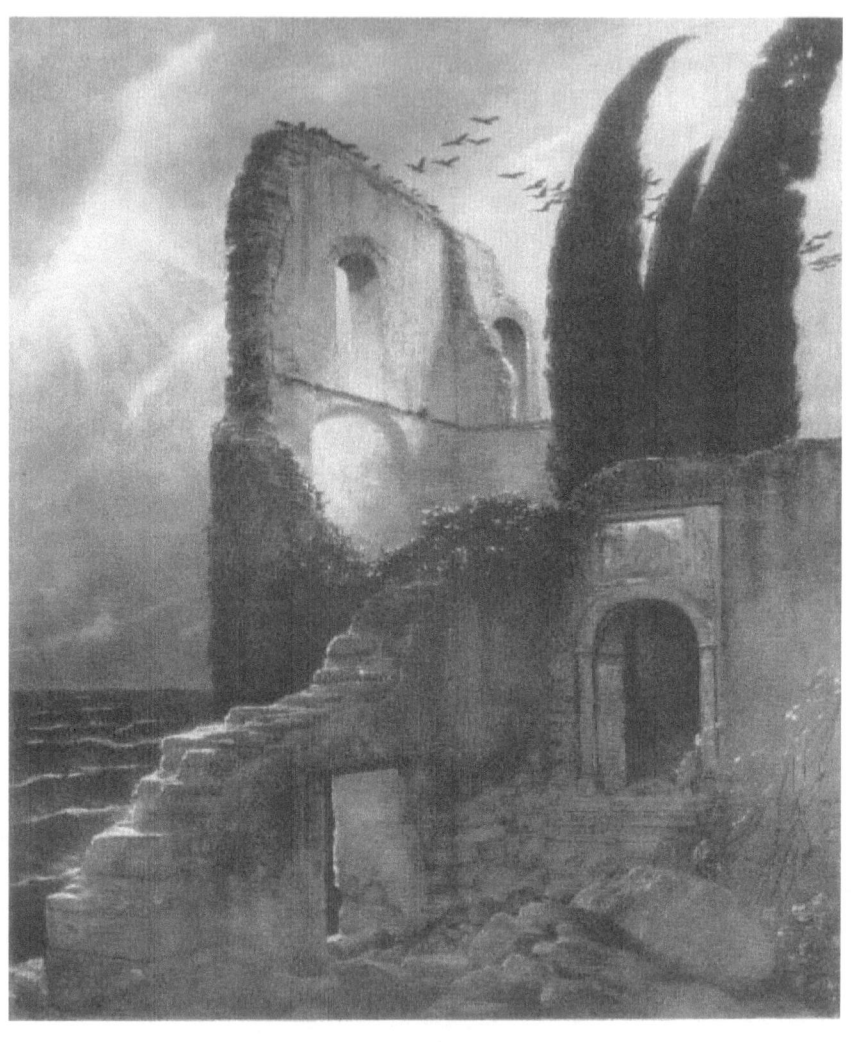

Tafel 68.
Ruine am Meer. 1883

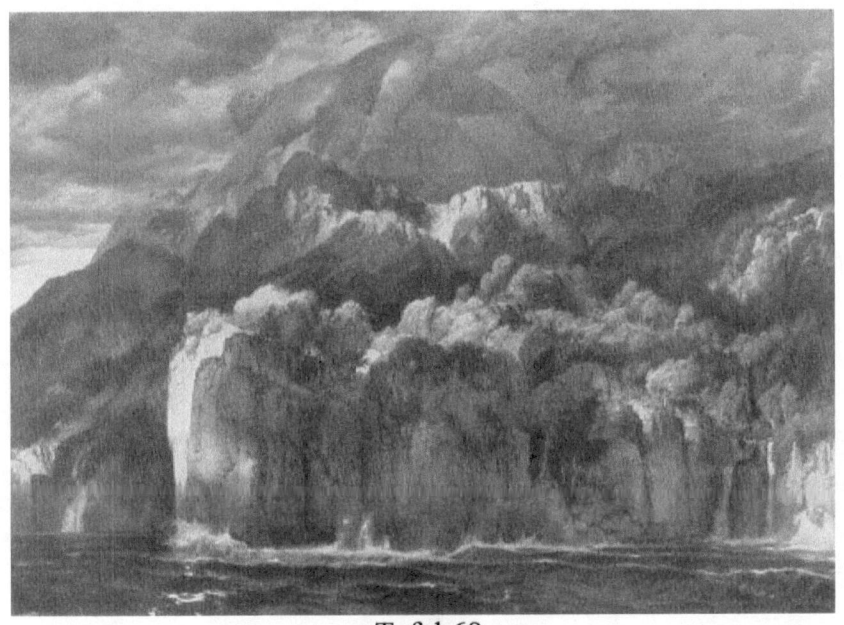

Tafel 69.
Prometheus. 1882

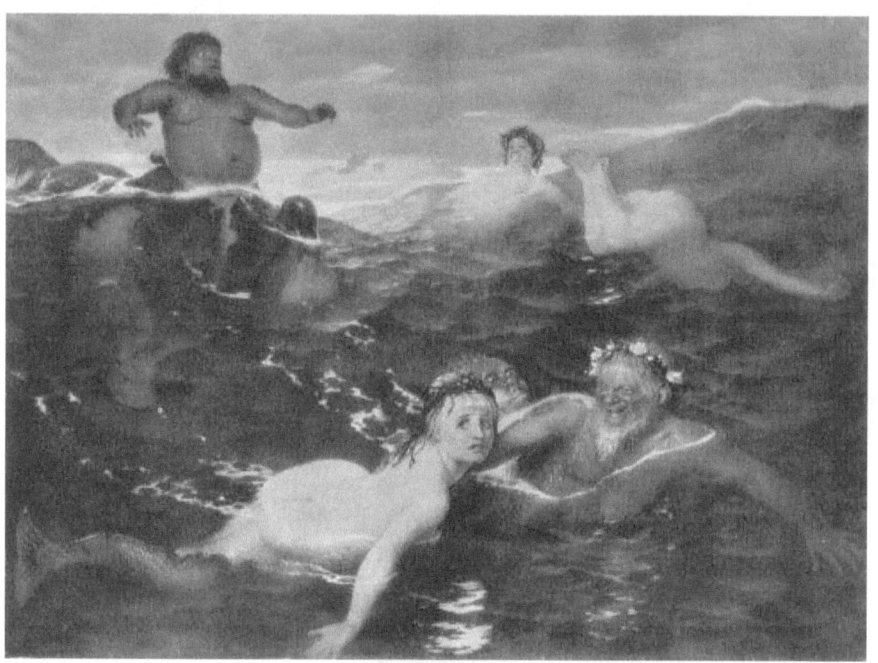

Tafel 70.
Im Spiel der Wellen. 1883

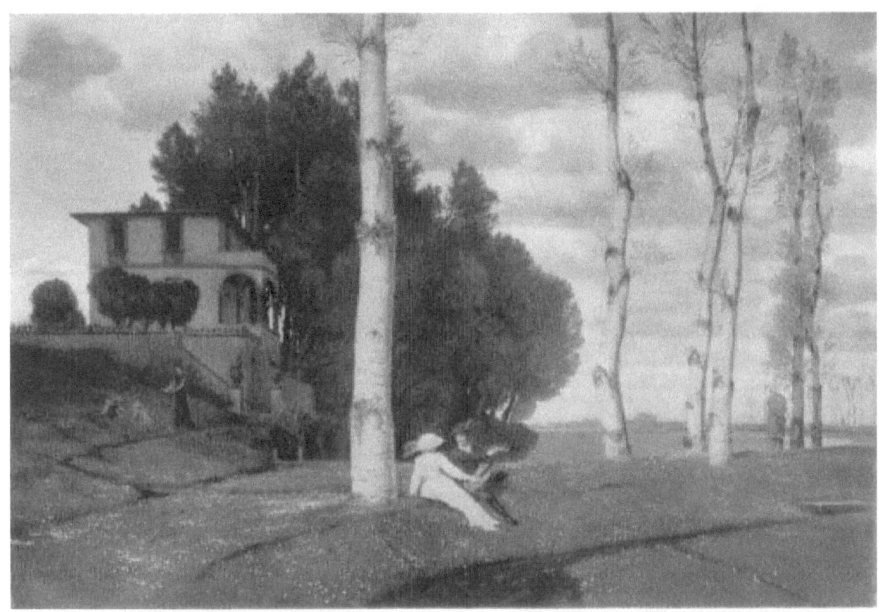

Tafel 71.
Frühlingstag (Die drei Lebensalter). 1883

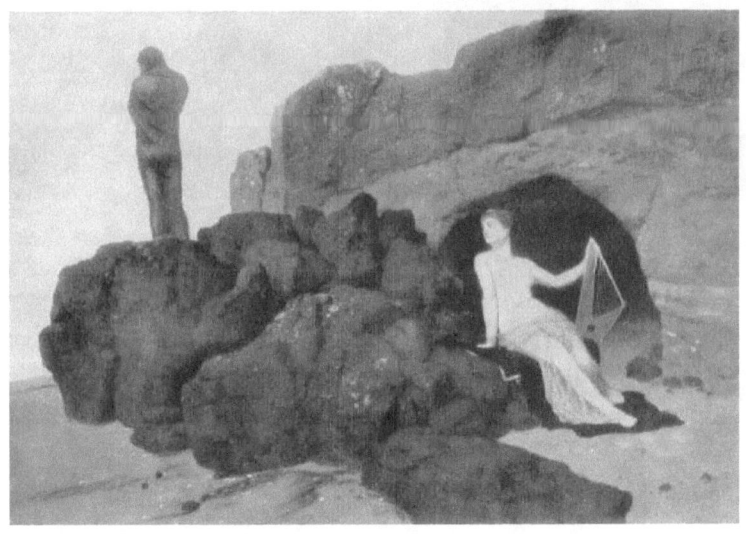

Tafel 72.
Odysseus und Kalypso. 1883

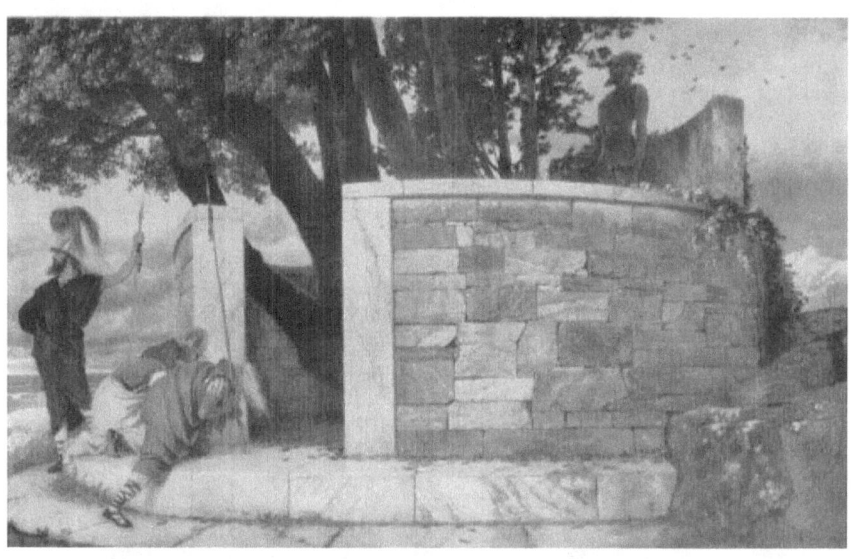

Tafel 73.
Heiligtum des Herakles. Zweite Fassung. 1884

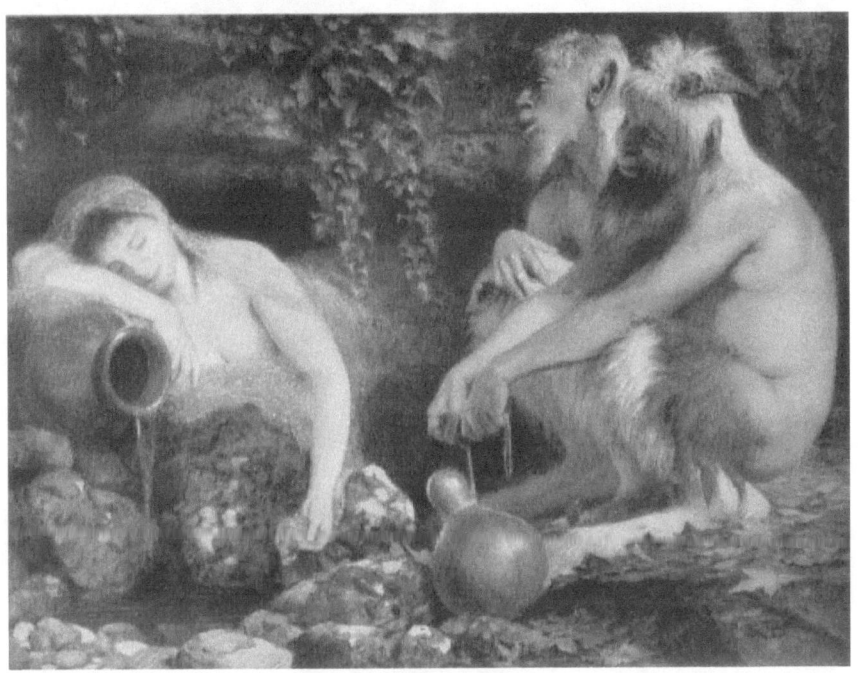

Tafel 74.
Faune, eine schlafende Nymphe belauschend. 1884

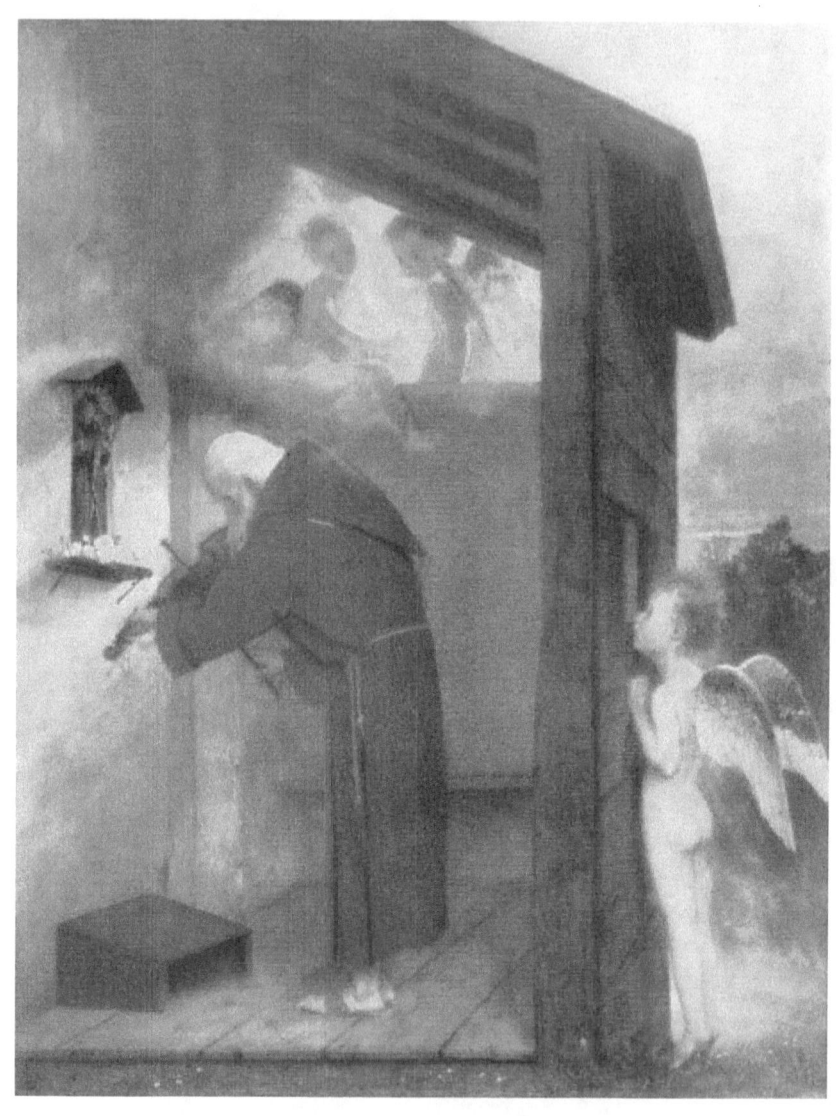

Tafel 75.
Der Eremit. 1884

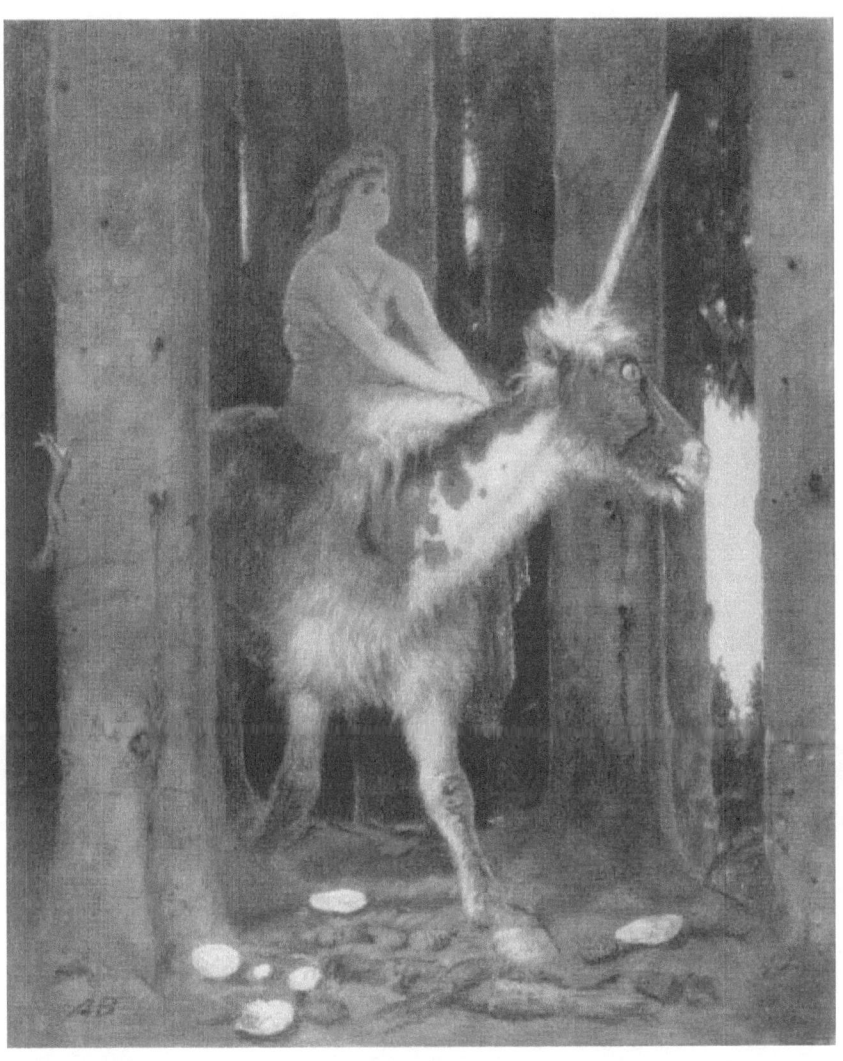

Tafel 76.
Das Schweigen des Waldes. 1885

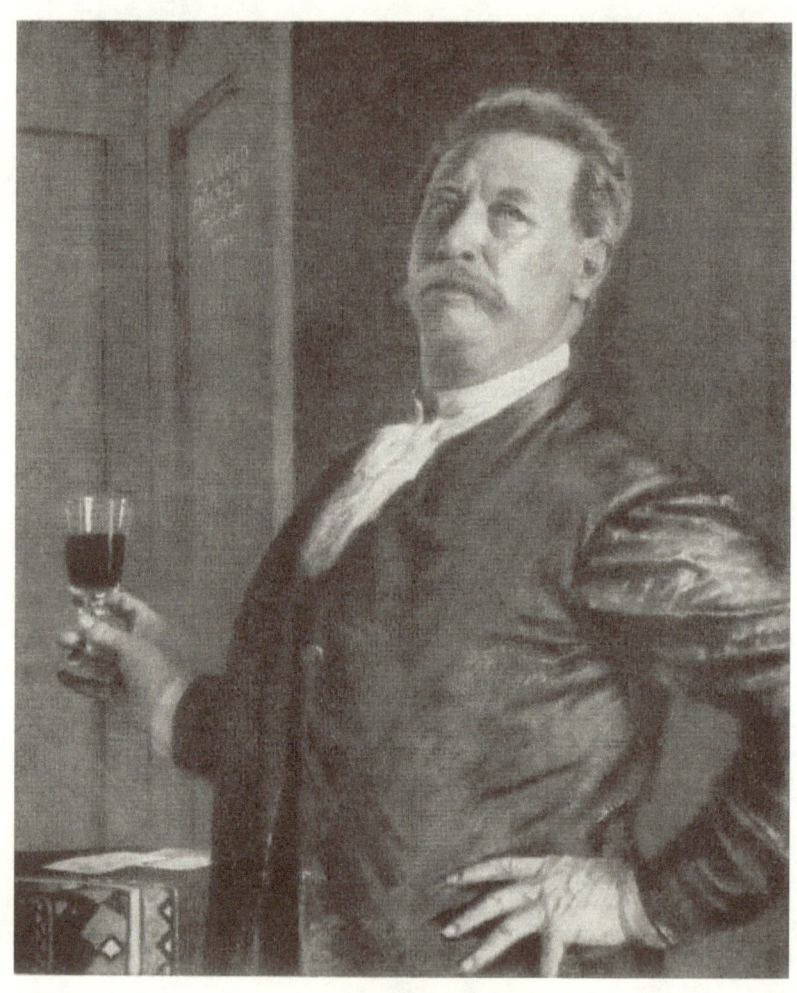

Tafel 77.
Selbstbildnis. 1885

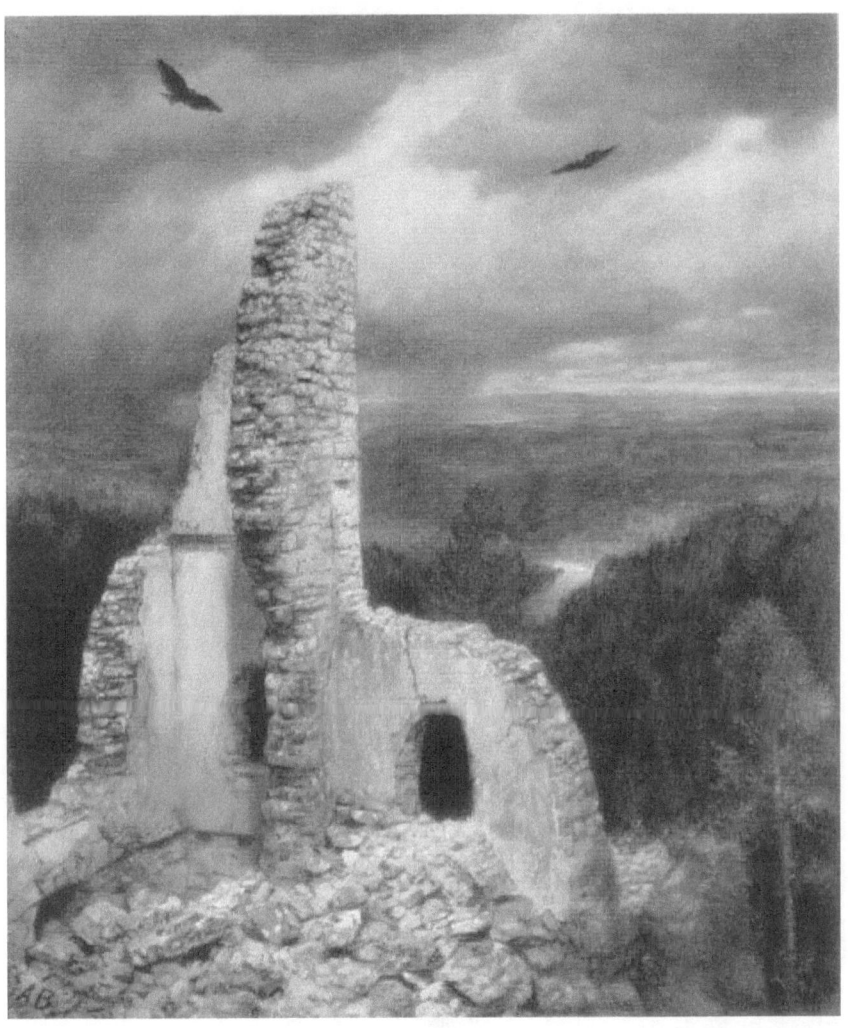

Tafel 78.
Burgruine mit zwei kreisenden Adlern. Um 1886

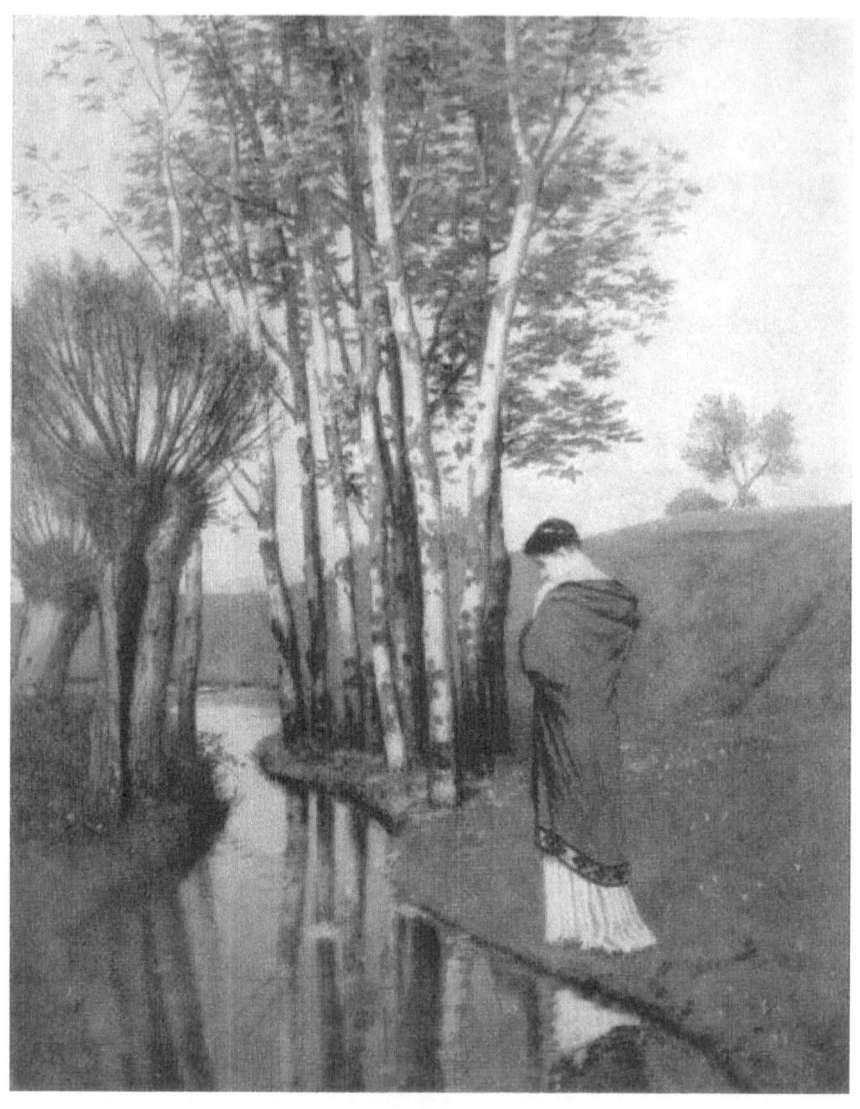

Tafel 79.
Herbstgedanken. 1886

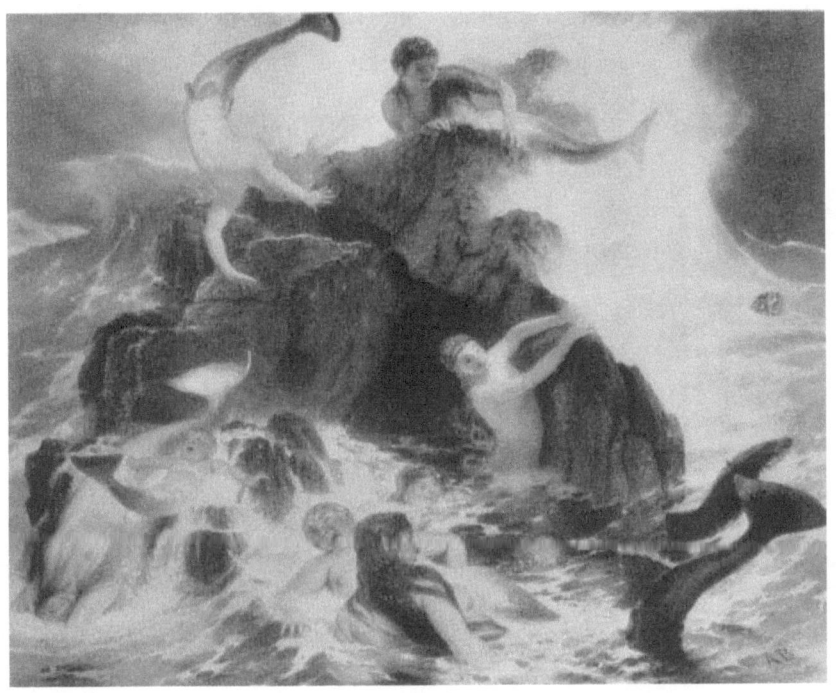

Tafel 80.
Spiel der Najaden. 1886

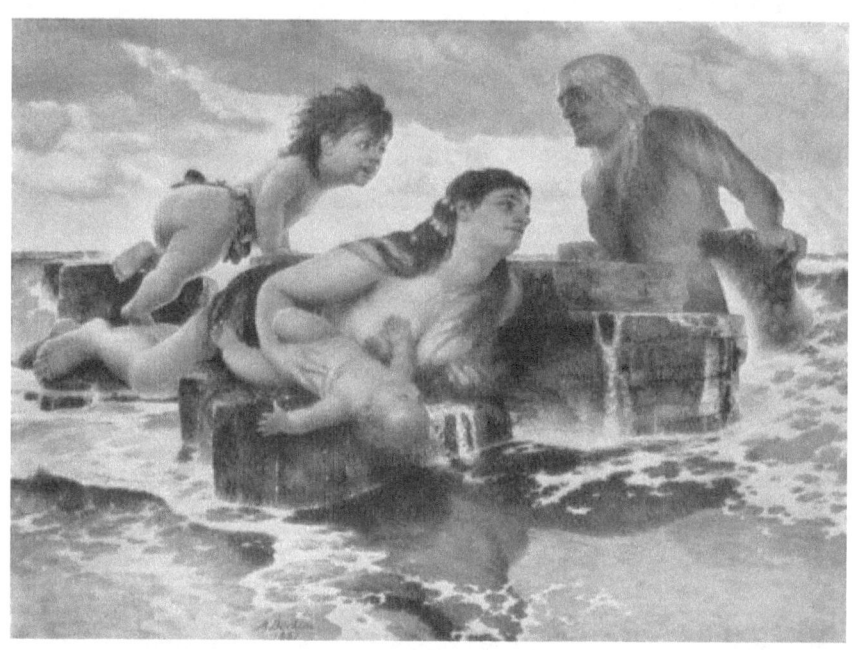

Tafel 81.
Meeresidylle. 1887

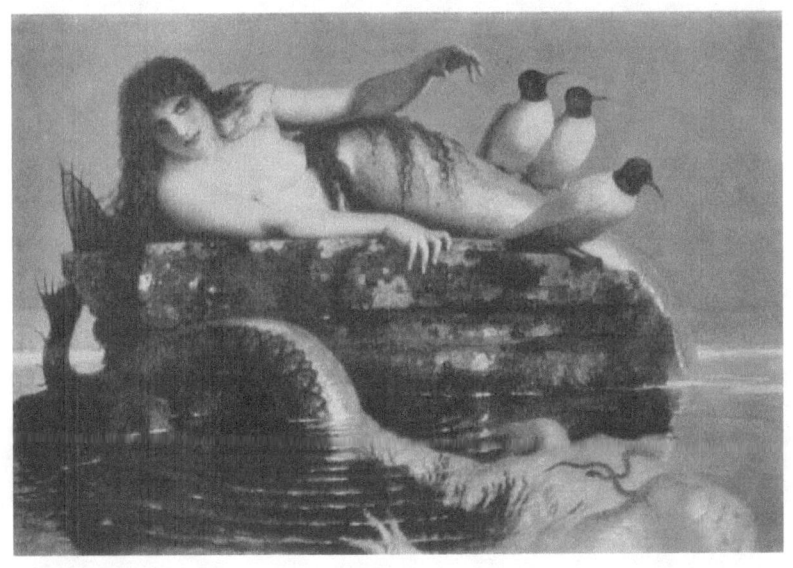

Tafel 82.
Meeresstille. 1887

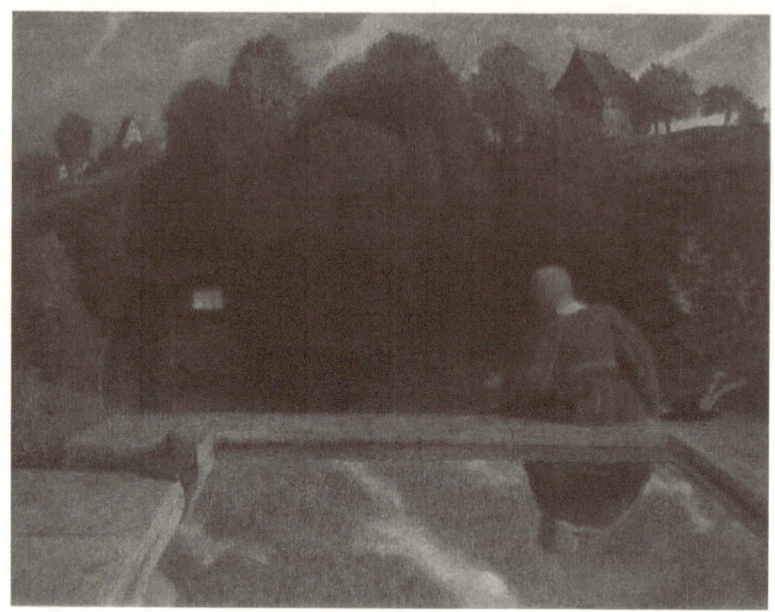

Tafel 83.
Die Heimkehr. 1888

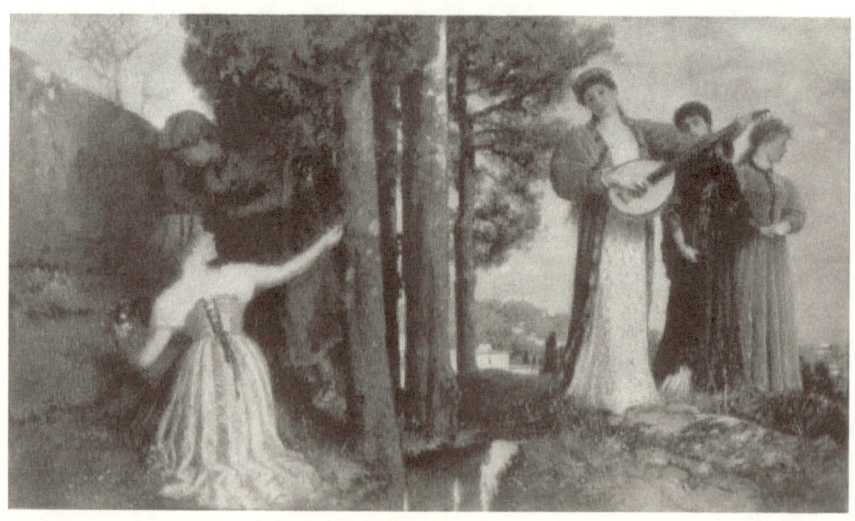

Tafel 84.
Sieh, es lacht die Au. 1887

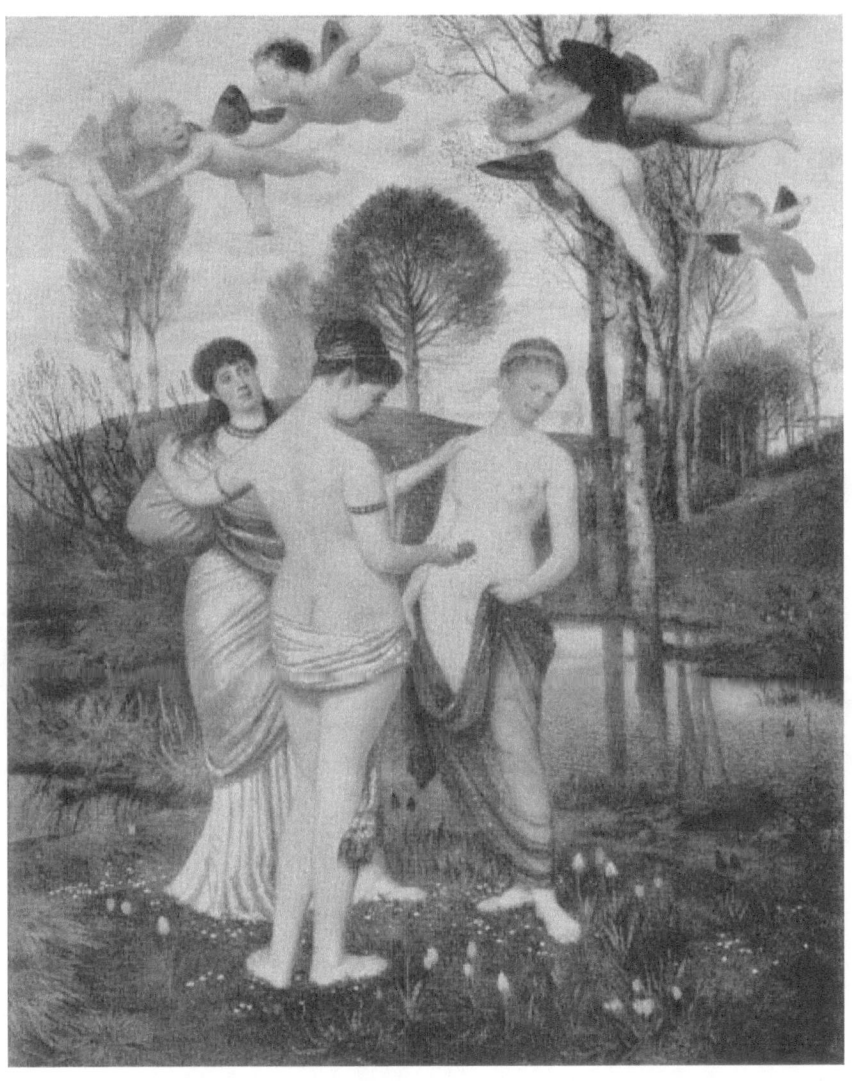

Tafel 85.
Frühlingshymne. 1888

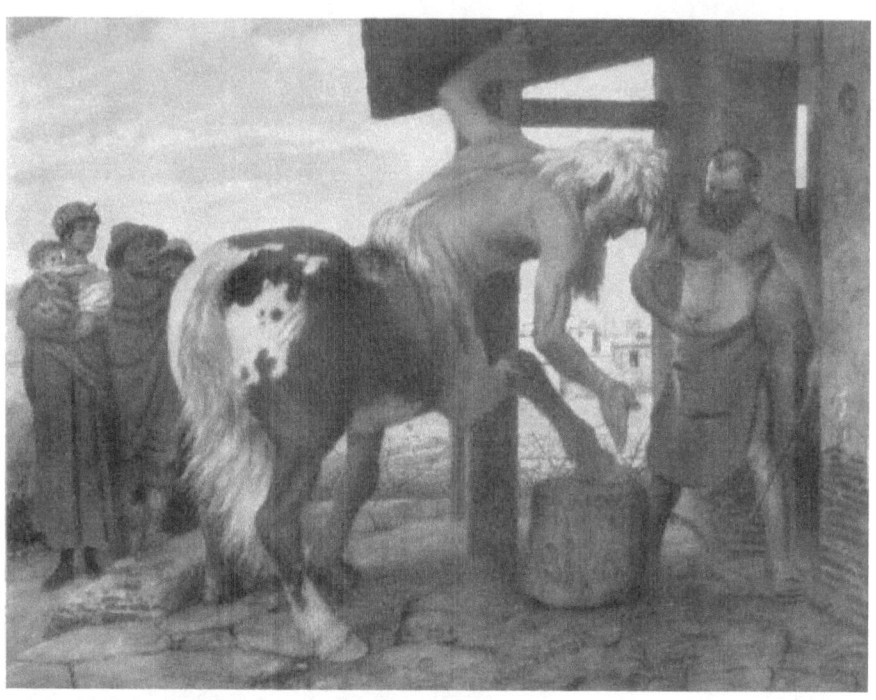

Tafel 86.
Kentaur in der Dorfschmiede. 1888

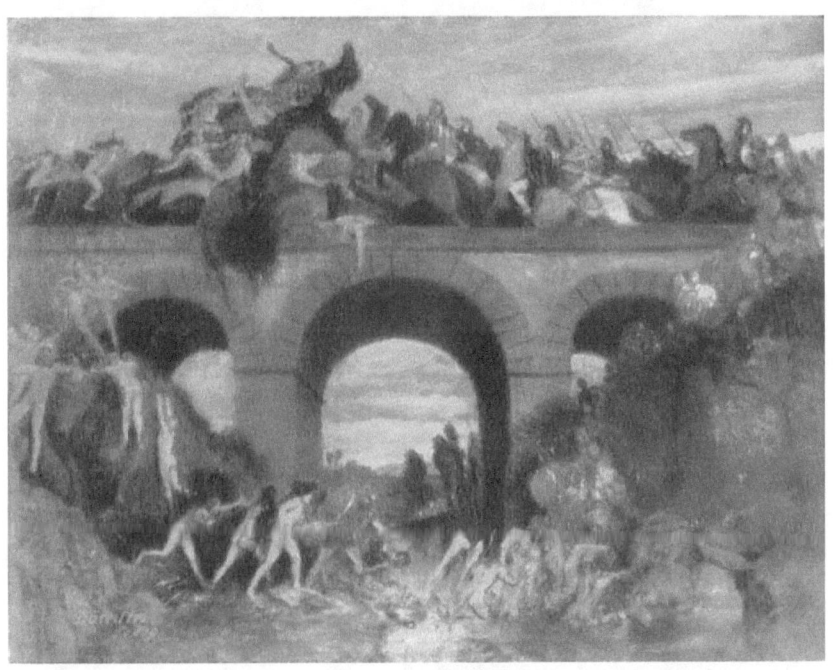

Tafel 87.
Kampf auf der Brücke (Römerschlacht). 1889

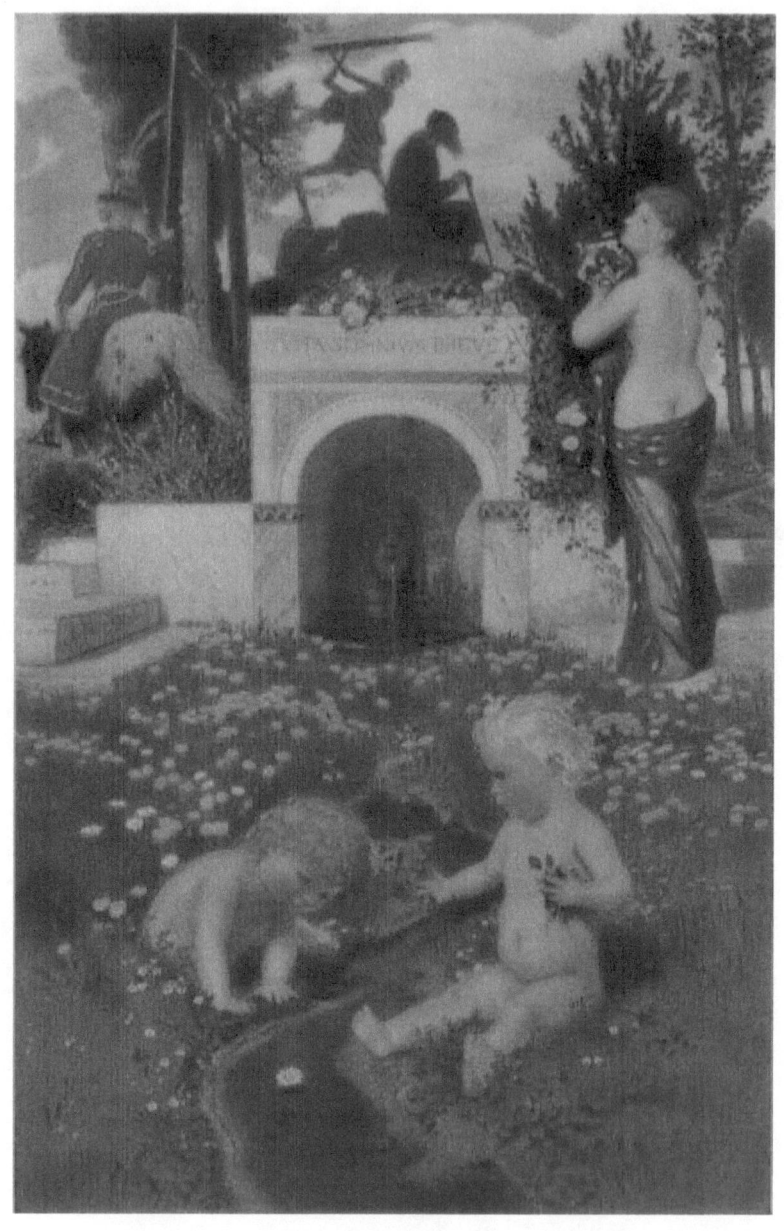

Tafel 88.
Vita somnium breve. 1888

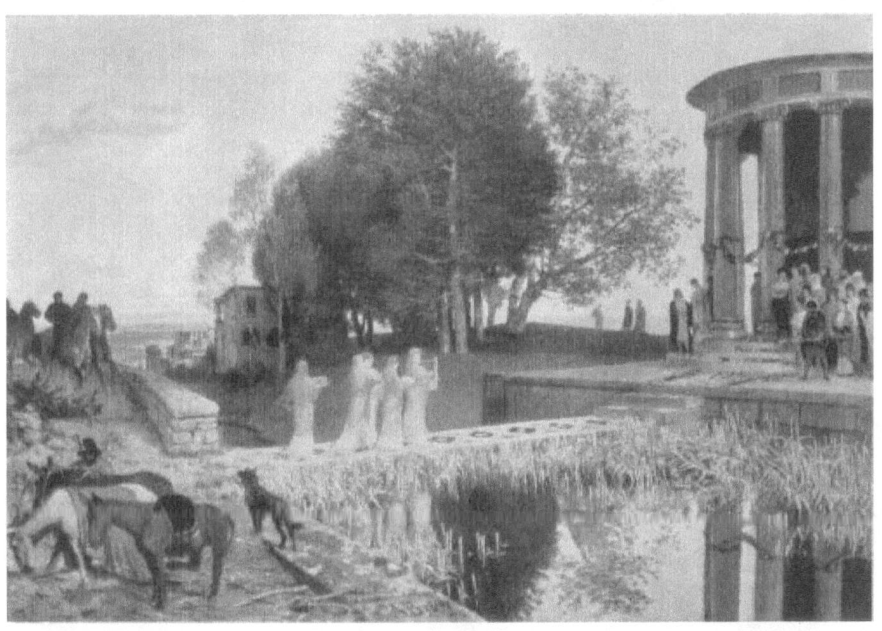

Tafel 89.
Der Gang zum Bacchustempel. 1890

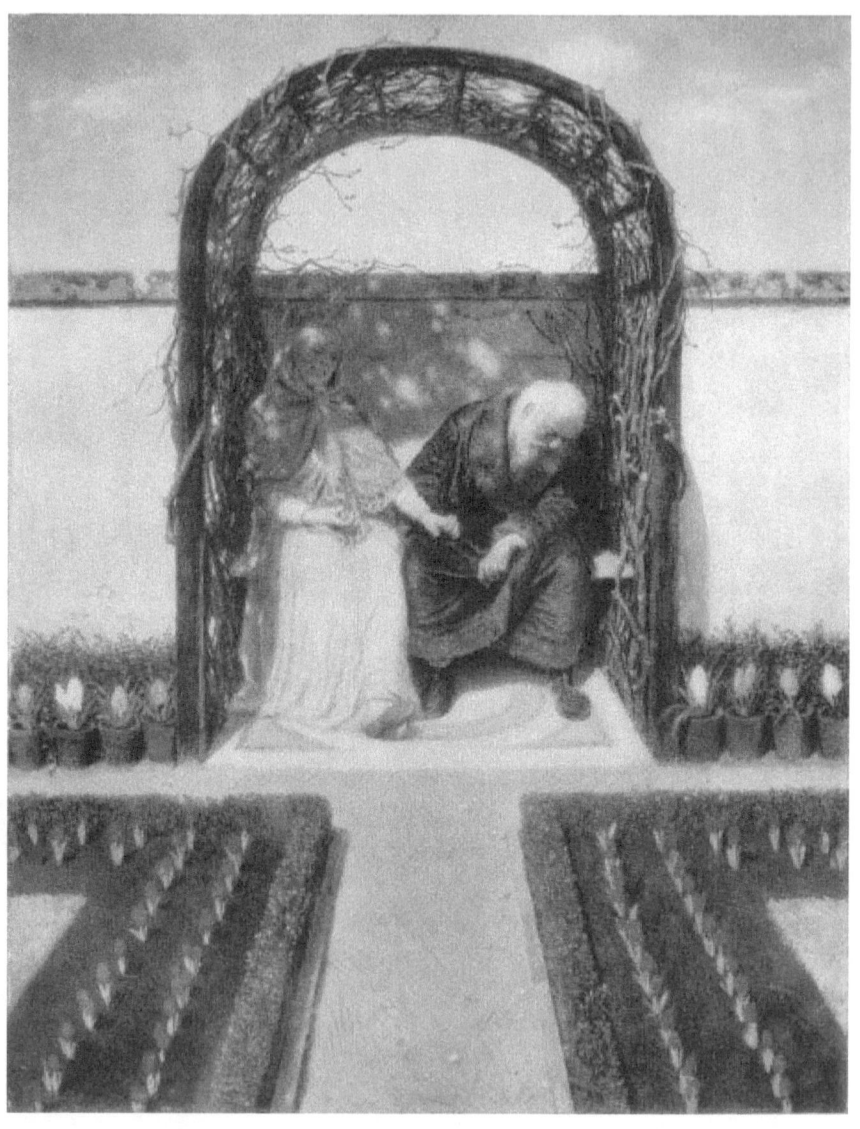

Tafel 90.
In der Gartenlaube. 1891

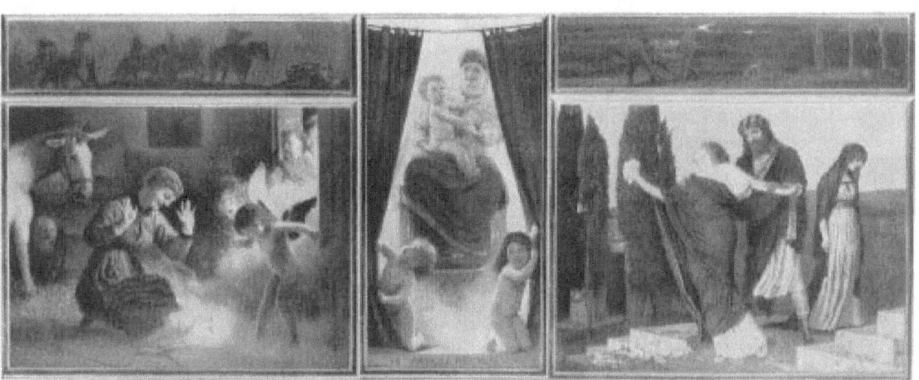

Tafel 91.
Mariensage. 1890

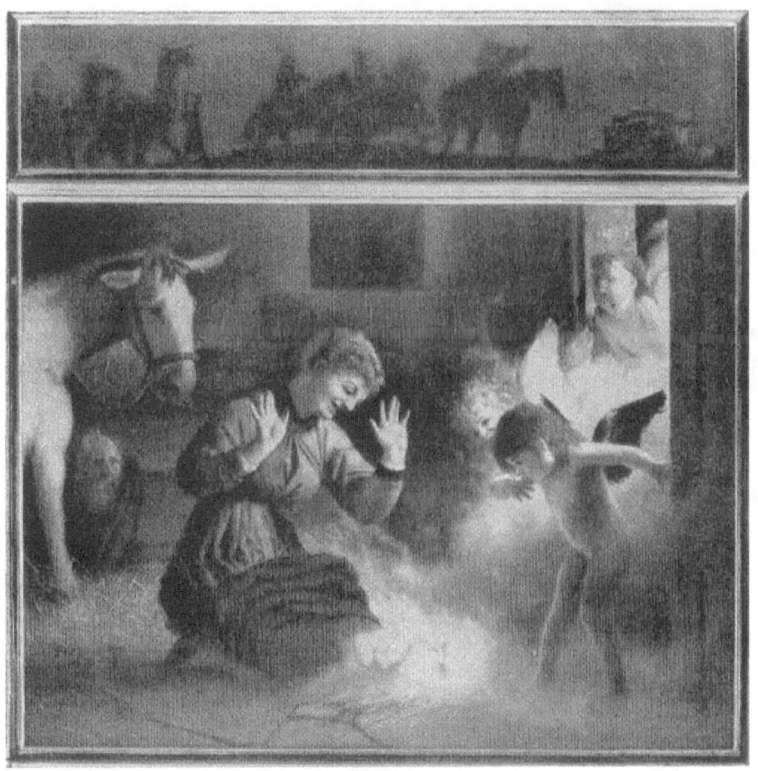

Tafel 91 (links)

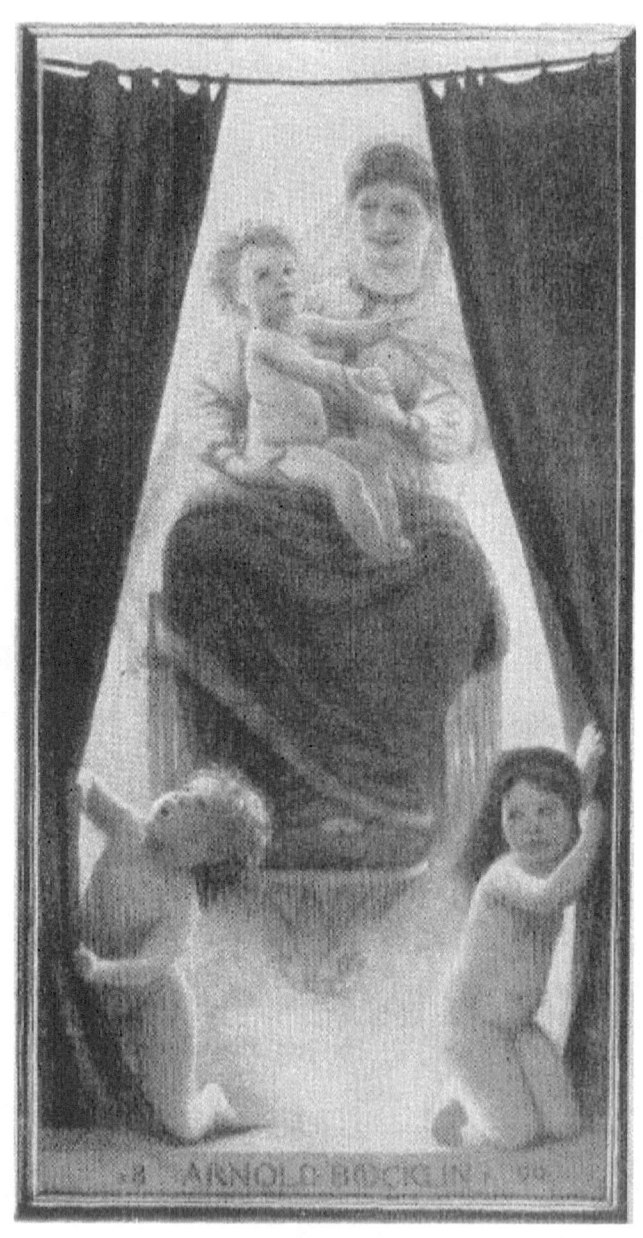

Tafel 91 (Mitte)

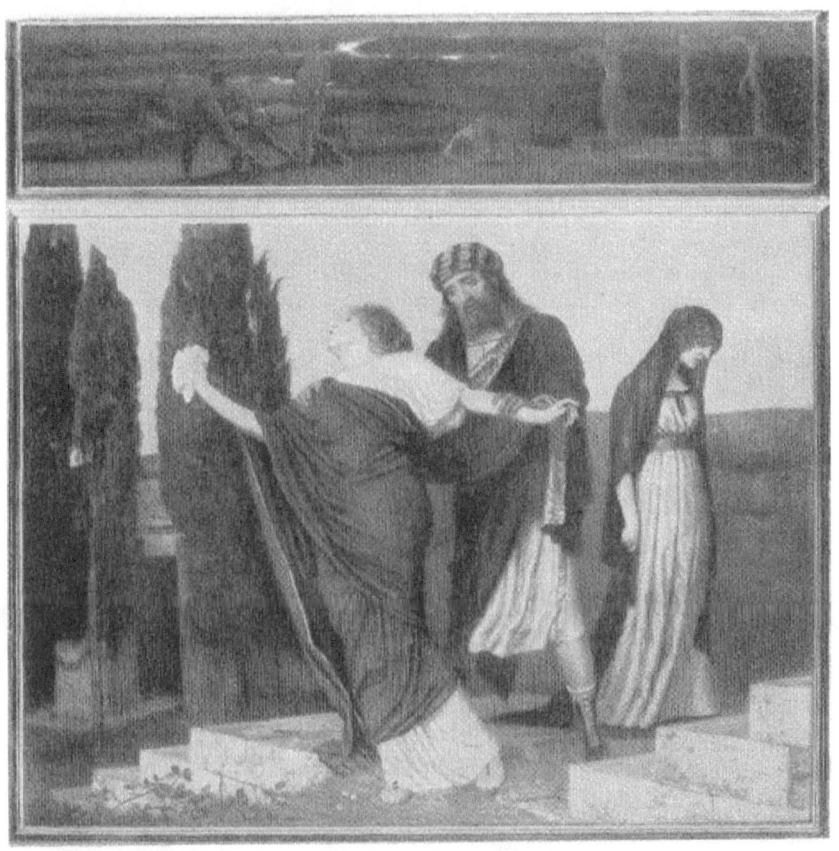

Tafel 91 (rechts)

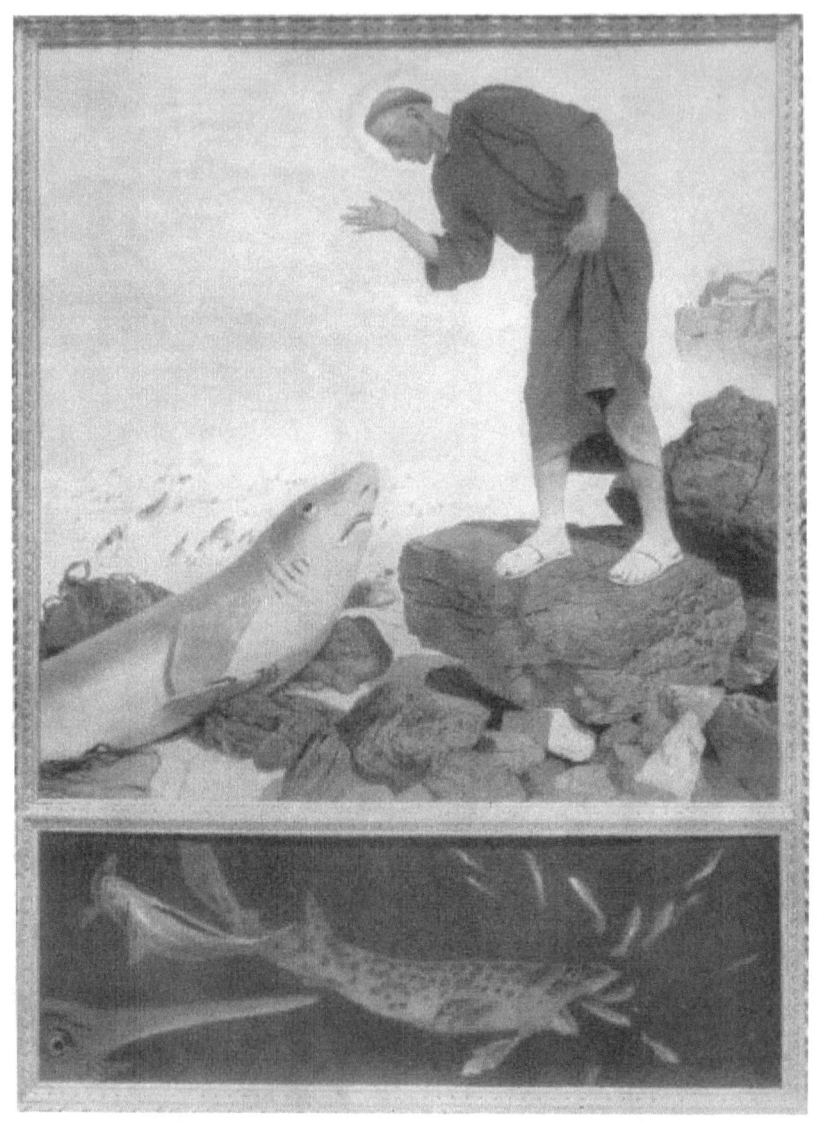

Tafel 92.
Der heilige Antonius predigt den Fischen. 1892

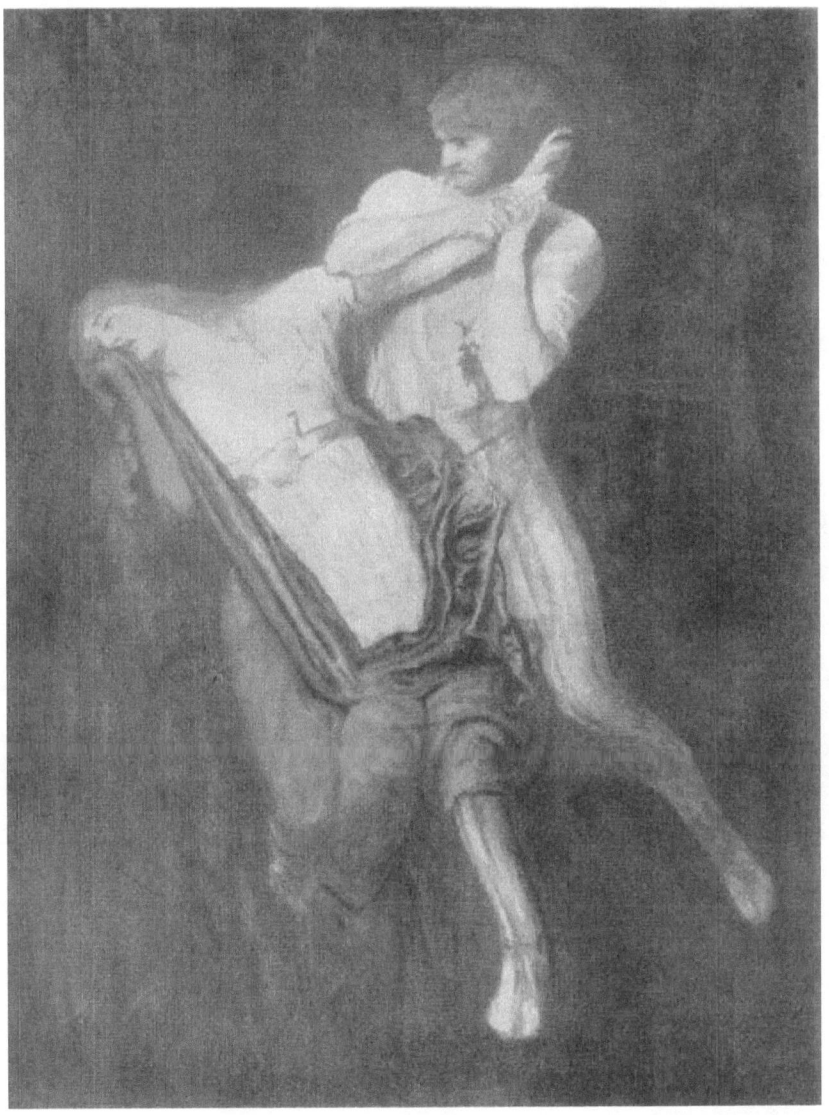

Tafel 93.
Francesca da Rimini. 1893

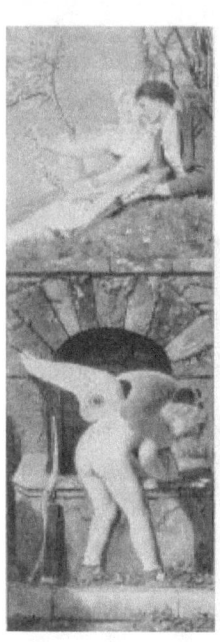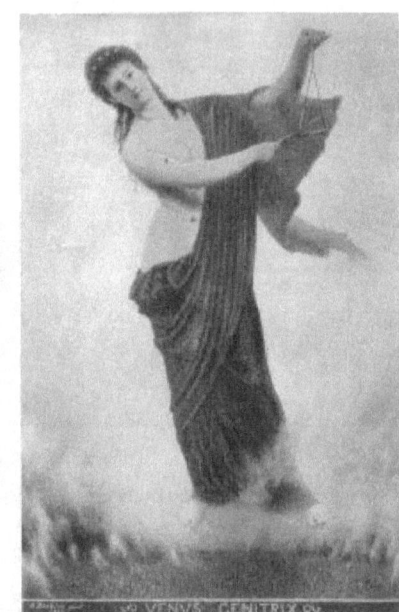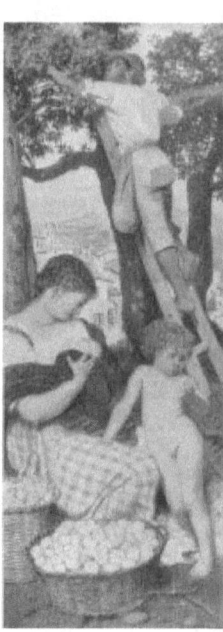

Tafel 94.
Venus Genitrix.   Bezeichnet 1895, im wesentlichen vollendet
Frühjahr 1892

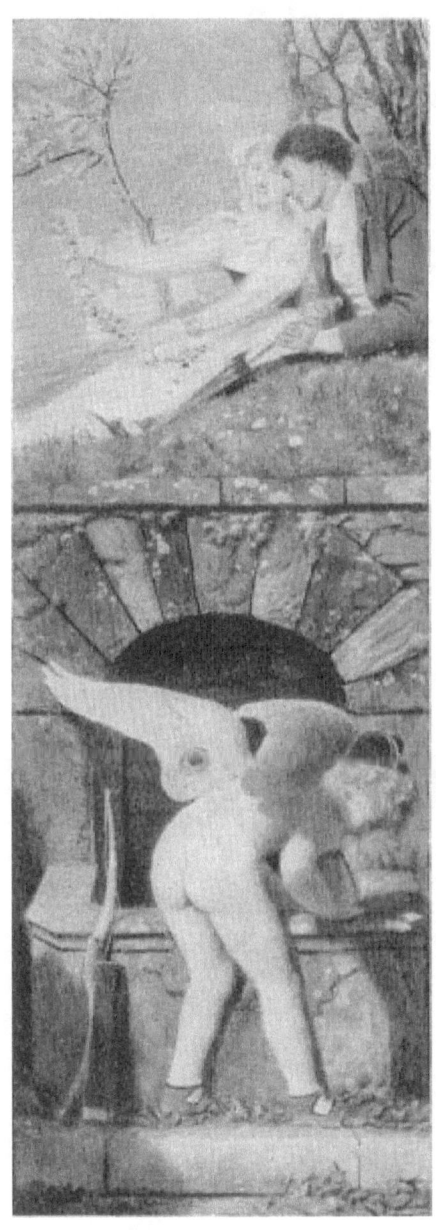

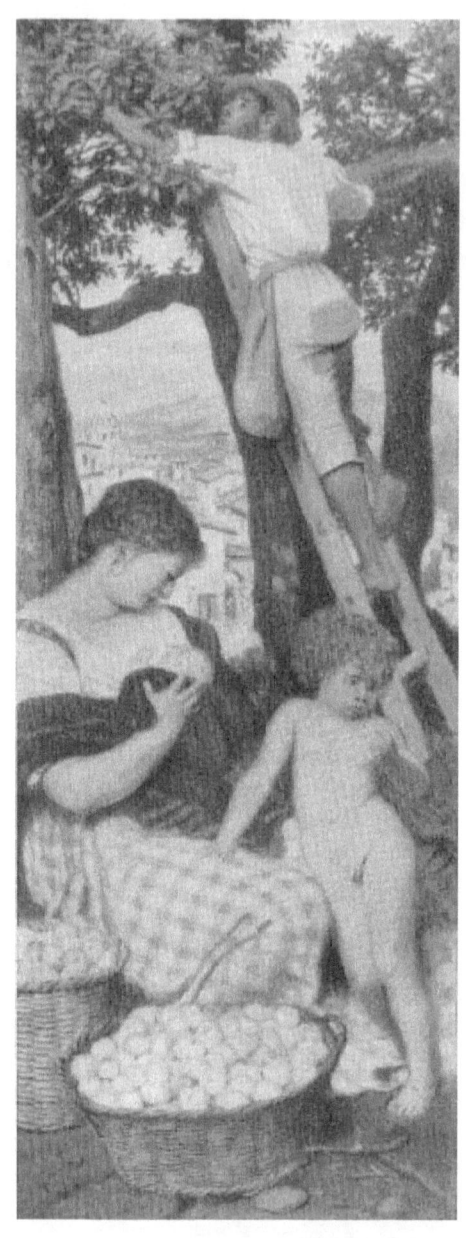

Tafel 94 (links, rechts)

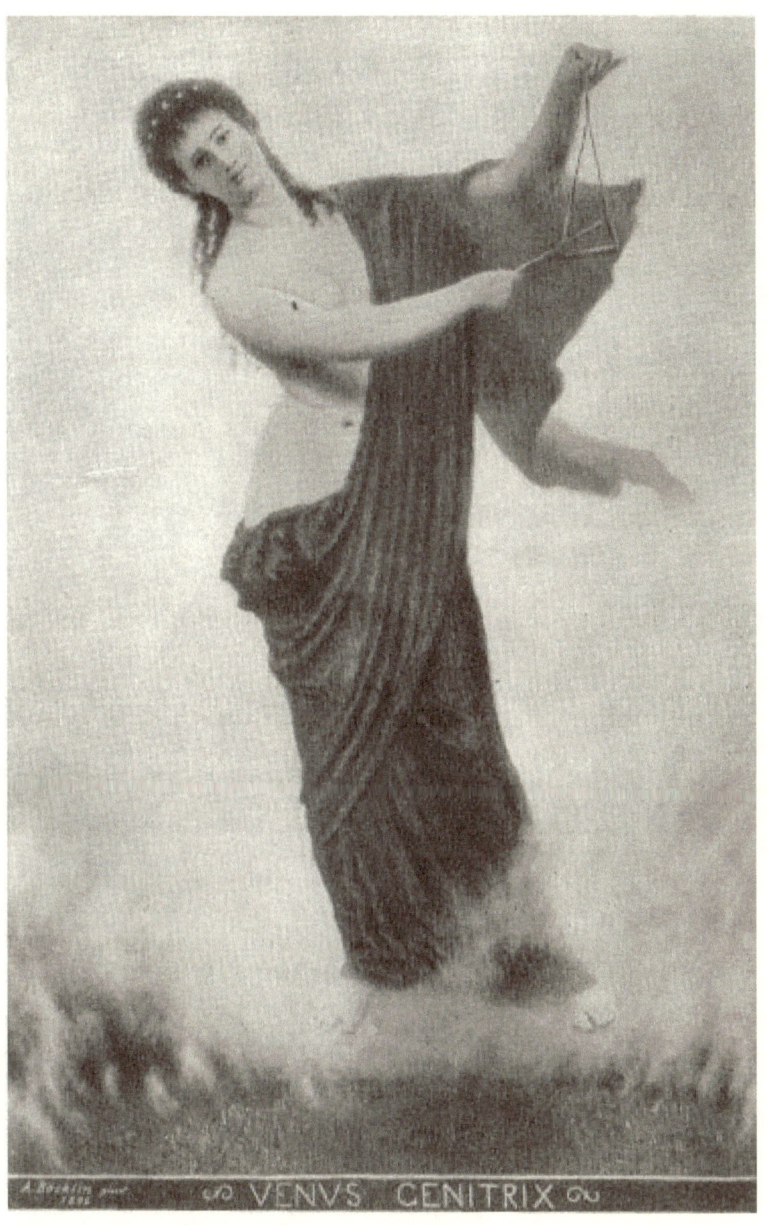

Tafel 94 (Mitte)

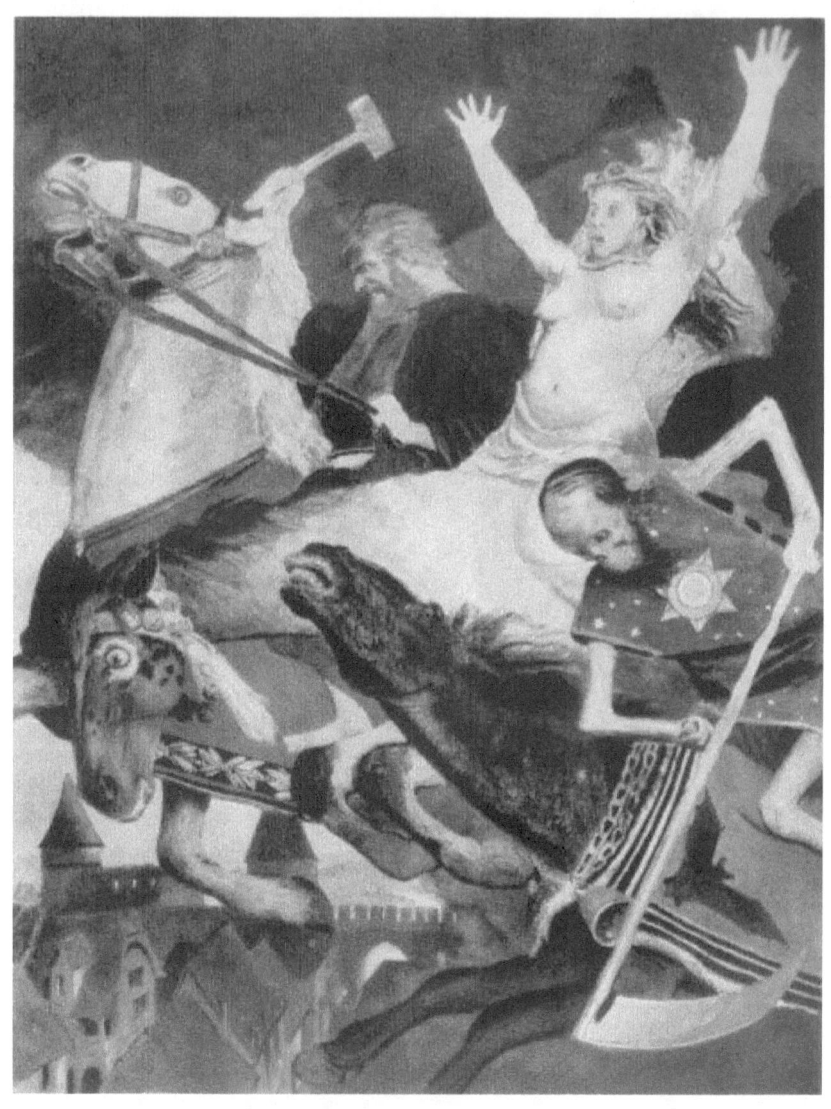

Tafel 95.
Der Krieg. Zweite Fassung. 1896

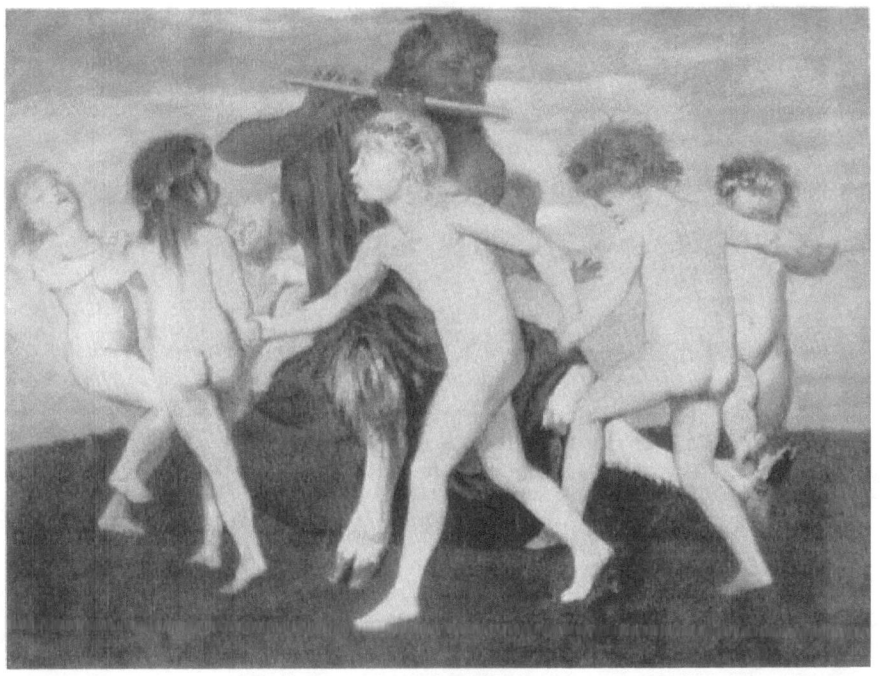

Tafel 96.
Pan mit tanzenden Kindern. 1898/1900

Tafeln der 1. und 2. Auflage

* = kupferdruck "sepia" (nur in 1. Auflage)
+ = farbendruck

1. Auflage		**2. Auflage**
Titelbild	* Selbstbildnis. 1875/76?	Titelbild
1	Tannenbewachsene Felsschlucht. 1848 bis 1849	1
2	Heroische Landschaft. Um 1850/52	2
3	Kentaur und Nymphe. 1855	3
—	Bildnis der Frau Böcklin. Vielleicht 1862	4
4	Nymphe an der Quelle. 1855 *2. Auflage: „Diana an der Quelle"*	5
5	+ Pan im Schilf. 1857 *2. Auflage, Einhaltsverzeichnis: „1857/59"*	6
6	Wandgemälde im Haus Wedekind: Zeit der Kultur. 1858 *2. Auflage: „(rechte Hälfte)"*	7
—	Zeit der Kultur. 1858 (linke Hälfte) *so in Einhaltsverzeichnis, aber Tafel selbst heisst:* Nymphe im Wiesengrund	8
7	Die Götter Griechenlands. 1859	9
8	* Pan erschreckt einen Hirten. 1860	10
9	Der Mord im Schloßgarten. 1859	11
10	Venus und Amor. 1860	12
11	Hirtin bei ihrer Herde. 1860	13
12	Jagd der Diana. 1862	14
13	+ Villa am Meere. 1. Fassung. 1864 *2. Auflage: „Meer".*	15
14	Villa am Meere. 2. Fassung. 1864/65	16

161

2. Auflage: „ Meer ".

Anachoret. Um 1863

15	*2. Auflage, Einhaltsverzeichnis:*	17
	„ Anachoret. 2. Fassung. "	
16	Bildnis der Gattin des Künstlers. Um 1863	(s. 27)
17	Faun einer Amsel zupfeifend. Um 1864/65	—
18	+ Altrömische Weinschenke. 1865	18
19	Frühlingslandschaft mit Kindern, Maipfeifen schnitzend. 1865 *2. Auflage: „...Kindern, welche Maipfeifen schnitzen. "*	19
20	Signorina Clara. 1863	20
21	+ Die Klage des Hirten. 1866	21
22	Magdalenas Trauer an der Leiche Christi. 1868	22
23	Fresken im Gartensaal Sarasin in Basel (1868): König David.	23
24	Der Gang nach Emmaus.	24
25	Rast auf der Flucht nach Ägypten.	25
26	* Liebesfrühling. 1868	26
—	Frühlingsreigen (Wiesenquelle). 1869	27
27	Fresken im Treppenhaus des Museums zu Basel (1868/70): Magna mater. *2. Auflage, Einhaltsvezeichnis: „ende 1868"*	28
28	Flora. *2. Auflage, Einhaltsverzeichnis: „1869"*	29
29	Die Geburt der Venus. 1869 *2. Auflage, Einhaltsvezeichnis: „Die Geburt der Venus (Venus Anadyo-*	30

mene. 1. Fassung). "

	„Triton und Nereide. 1. Fassung. 1873 bis 1874. "	
	+ Triton und Nereide. 1875 *2. Auflage:*	
45	*„Triton und Nereide. 3. Fassung. "* *Beide Auflagen, Tafel selbst:* *„Triton und Nereide. Dritte Fassung. "*	46
46	Ceres und Bacchus. 1875	47
47	Flora, Blumen streuend. 1875	48
48	Klio. 1875	49
49	Hochzeitsreise. 1876 *2. Auflage: „Um 1876 "*	50
50	* Kreuzabnahme. 1876	51
51	Flora die Blumen weckend. 1876	52
52	Die Gefilde der Seligen. 1878	53
53	Rückblick auf Italien. 1878 *2. Auflage, Einhaltsverzeichnis:* *„Rückblick auf Italien (Hochzeitsreise. Letzte Fassung). "*	54
54	Meeresbrandung. 1879	55
55	* Frühlingsabend. 1879	56
56	Die Hoffnung. 1880	(s. 46)
57	Tritonenfamilie. 1880	57
58	Die Insel der Toten. 2. Fassung. 1880	58
59	Die Insel der Toten. 3. Fassung. 1883	59
—	Flötende Nymphe. 1881	60
60	* Sommertag. 1881	61
61	+ Der Abenteurer. 1882 *(Farbendruck nur in 1. Auflage)*	62
62	Frühlingserwachen. 1880 *2. Auflage: „Frühlings Erwachen "*	63
63 - Ende	*nr. in erste Auflage + 1 = nr. in zweite Auflage*	64 - Ende

Tafeln aus der 1. Auflage

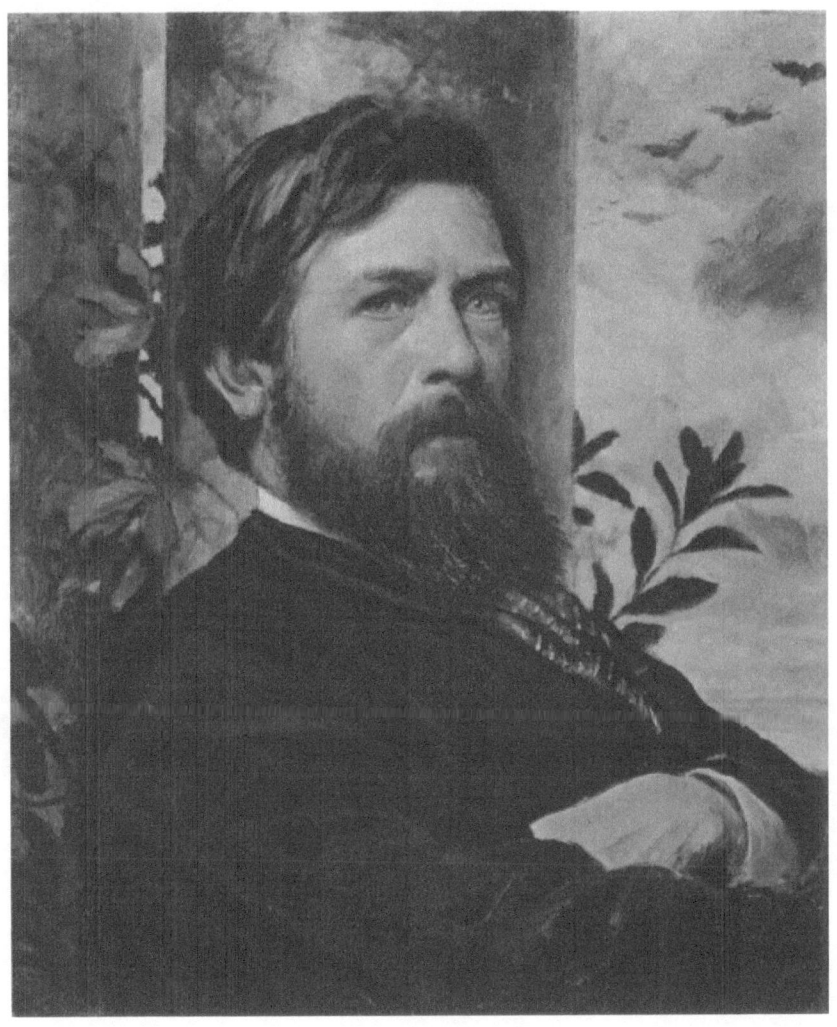

(Titelbild)
Selbstbildnis. 1875/76

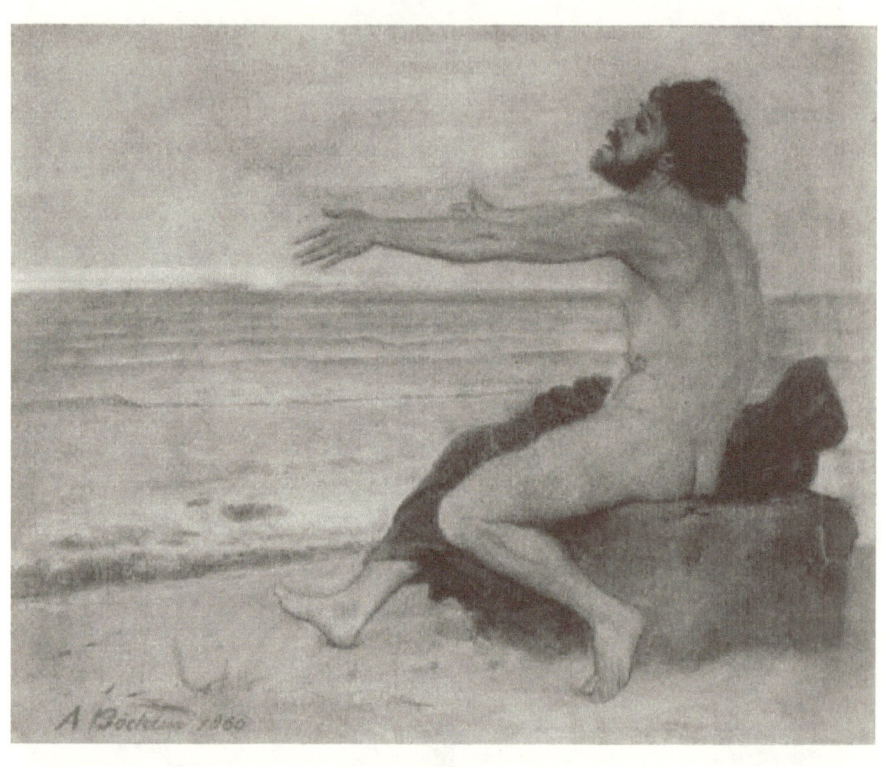

(textbild)
Odysseus am Strand des Meeres. 1869

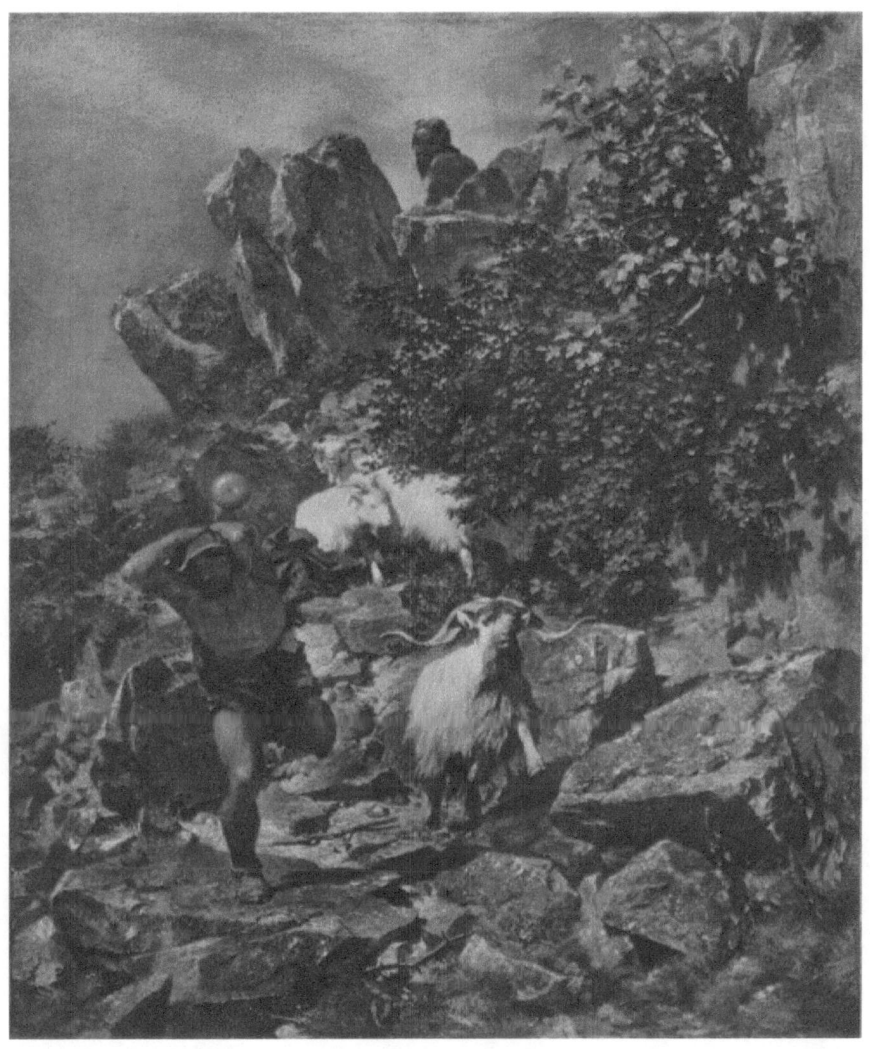

Tafel 8.
Pan erschreckt einen Hirten. 1860

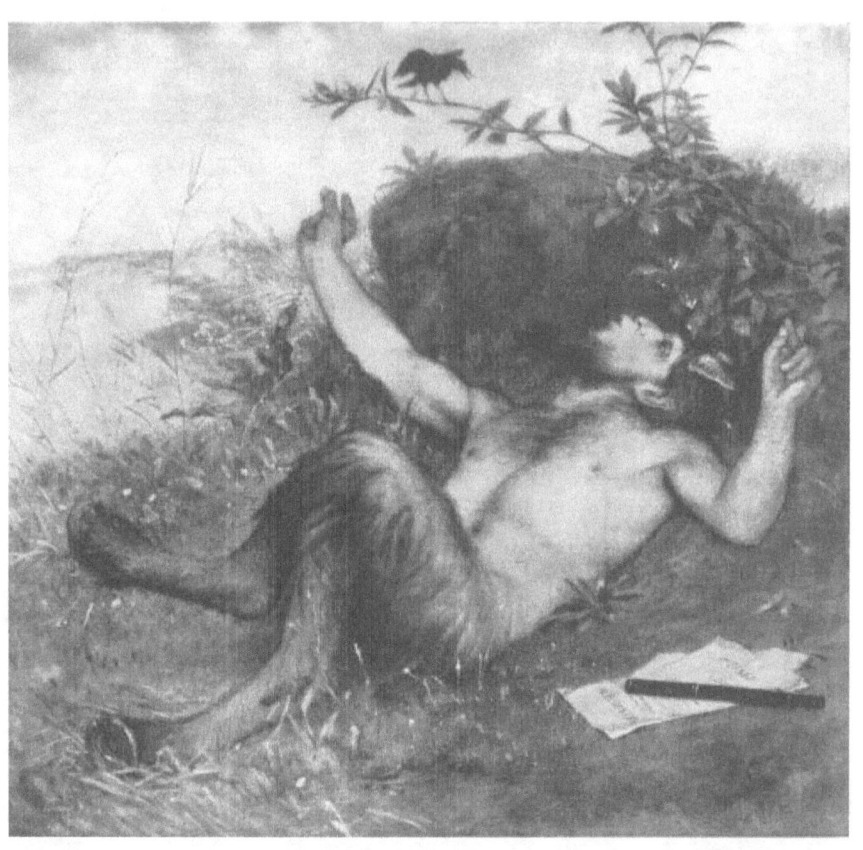

Tafel 17.
Faun einer Amsel zupfeifend. Um 1864/65

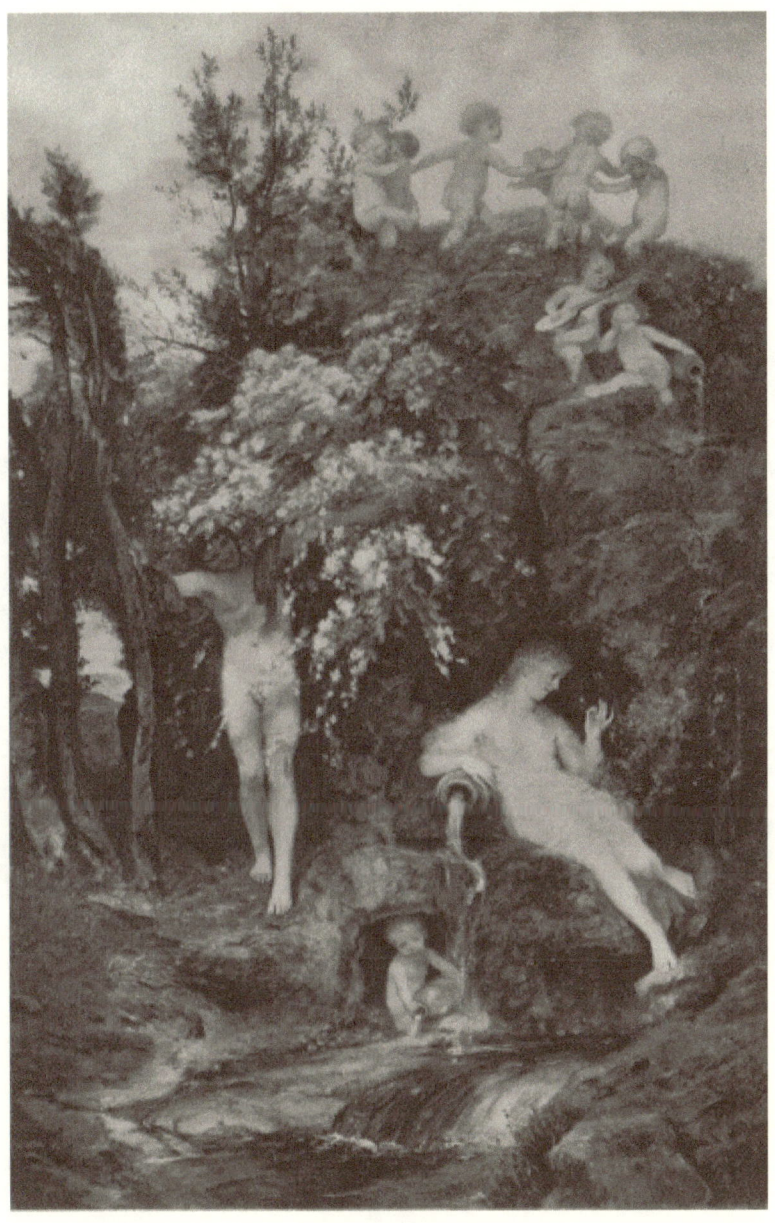

Tafel 26.
Liebesfrühling. 1868

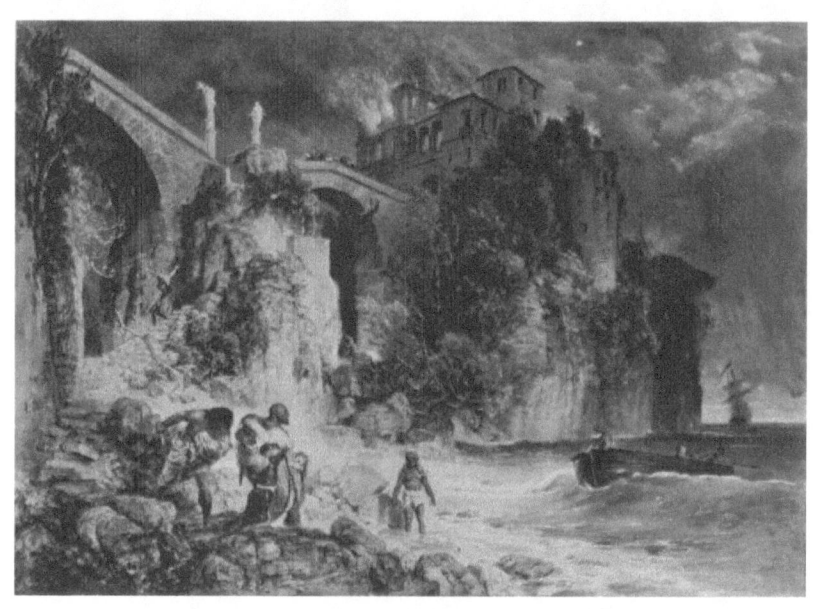

Tafel 34.
Überfall von Seeräubern. 1872

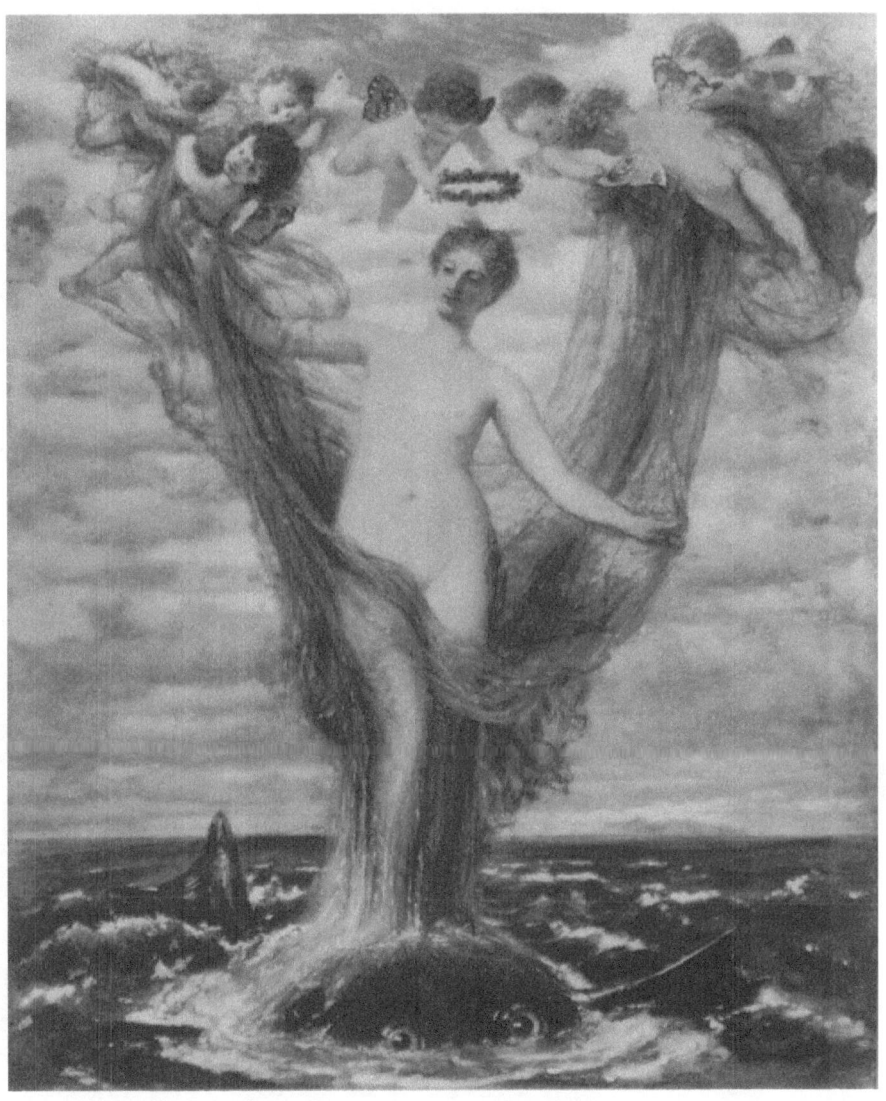

Tafel 37.
Venus Anadyomene. Zweite Fassung. 1873

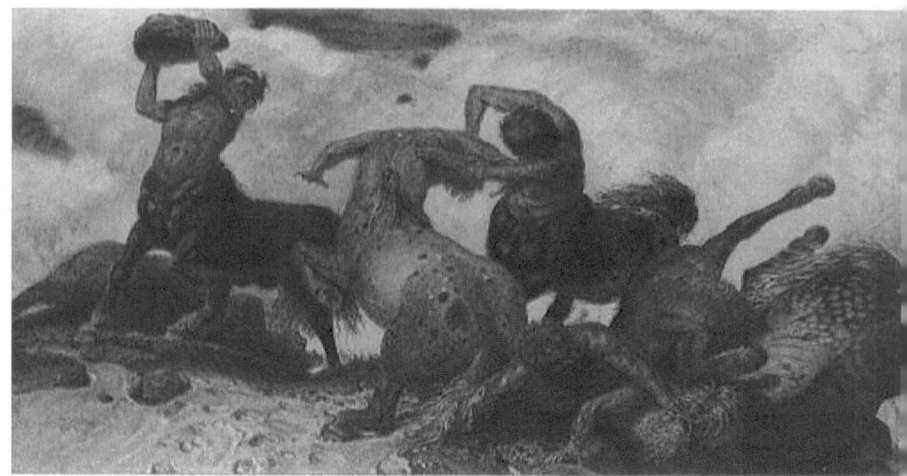

Tafel 38.
Kentaurenkampf. Erste Fassung. 1873

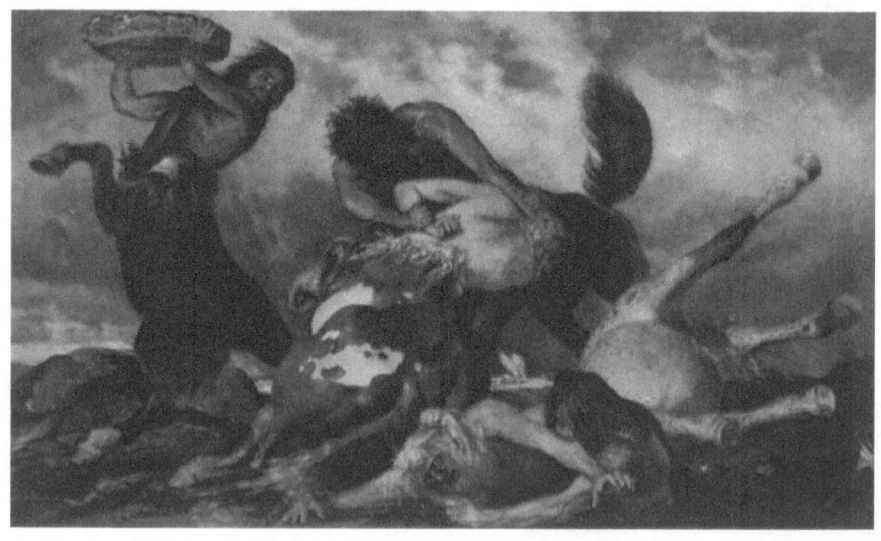

Tafel 39.
Kentaurenkampf. Zweite Fassung. 1878

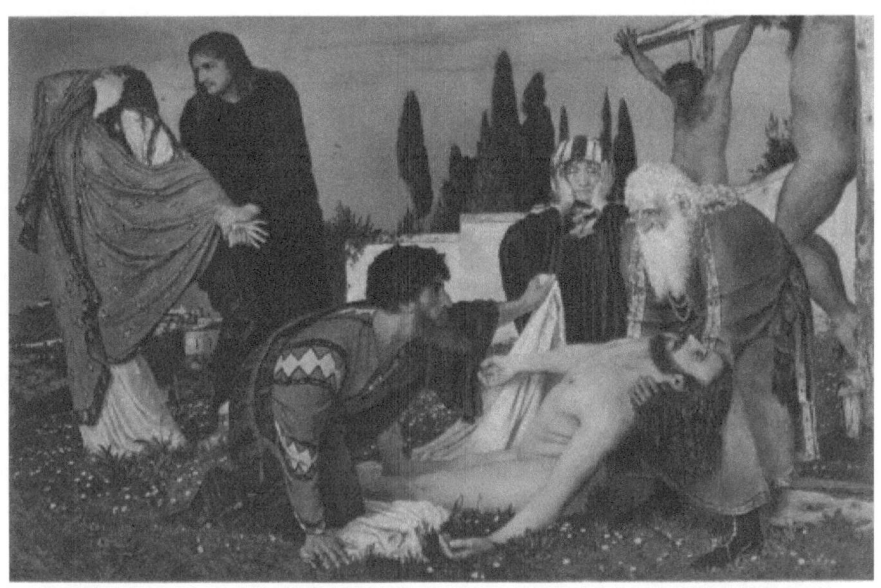

Tafel 50.
Kreuzabnahme. 1876

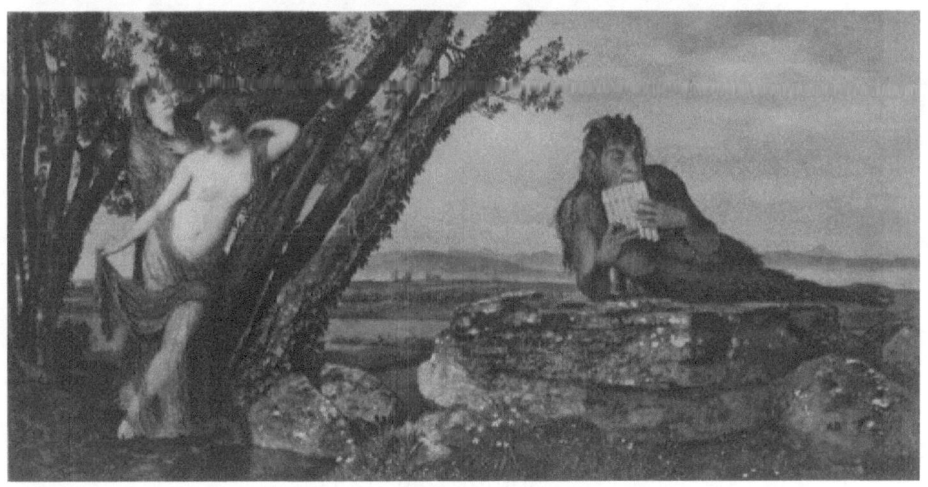

Tafel 55.
Frühlingsabend. 1879

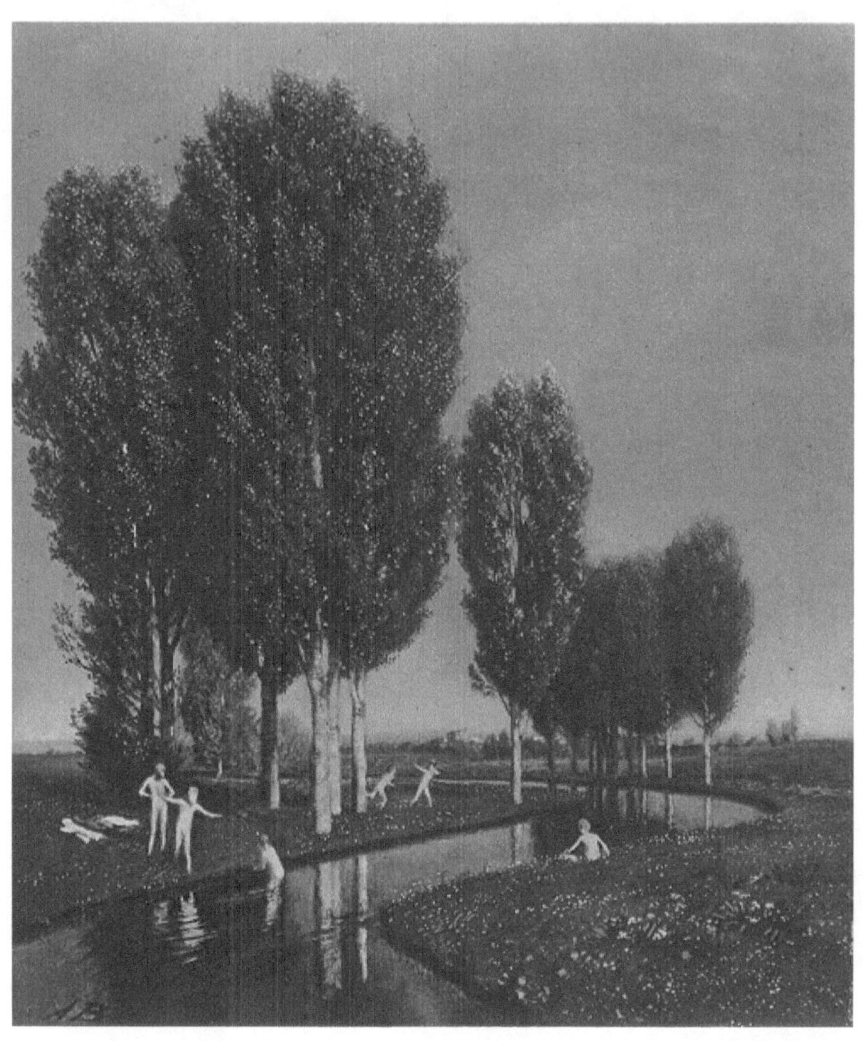

Tafel 60.
Sommertag. 1881

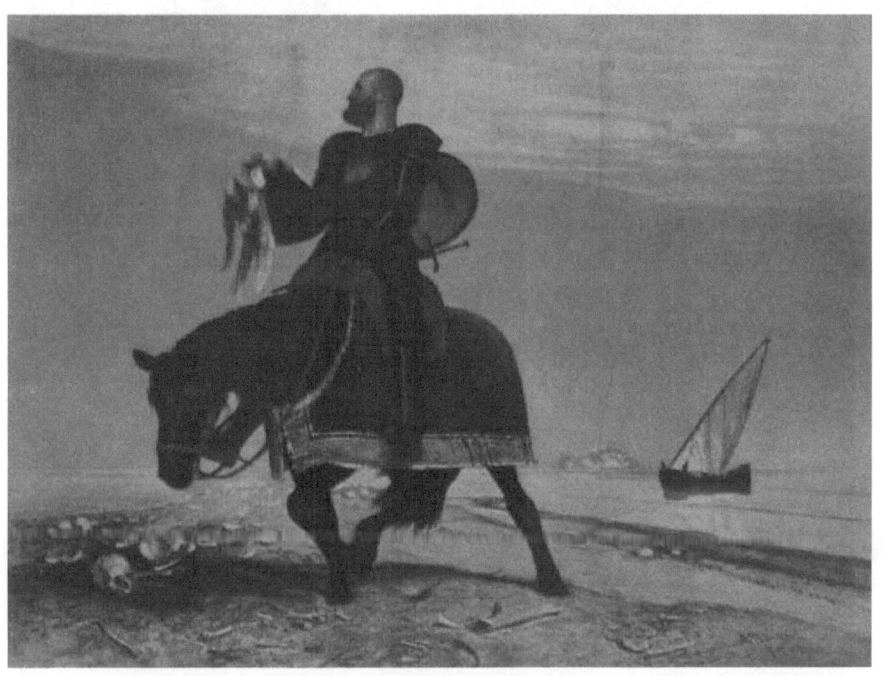

Tafel 61.
Der Abenteurer. 1882

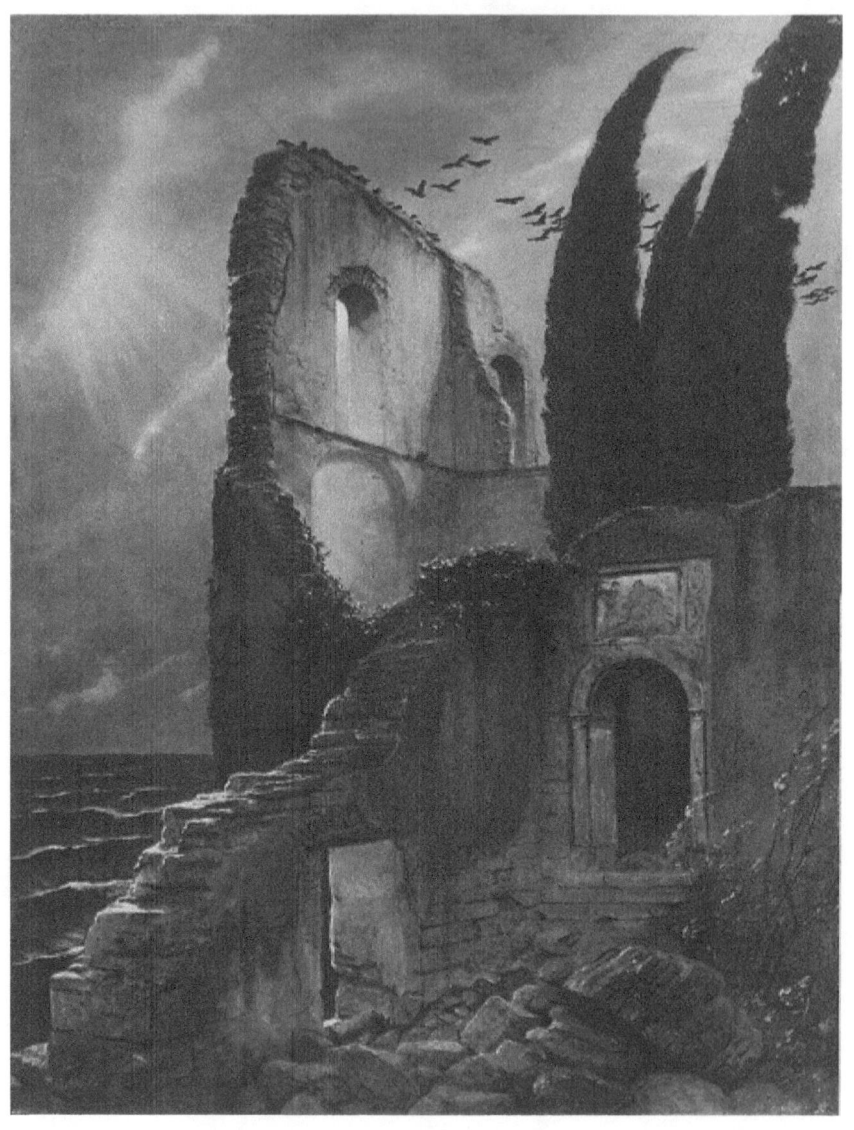

Tafel 67.
Ruine am Meer. 1883

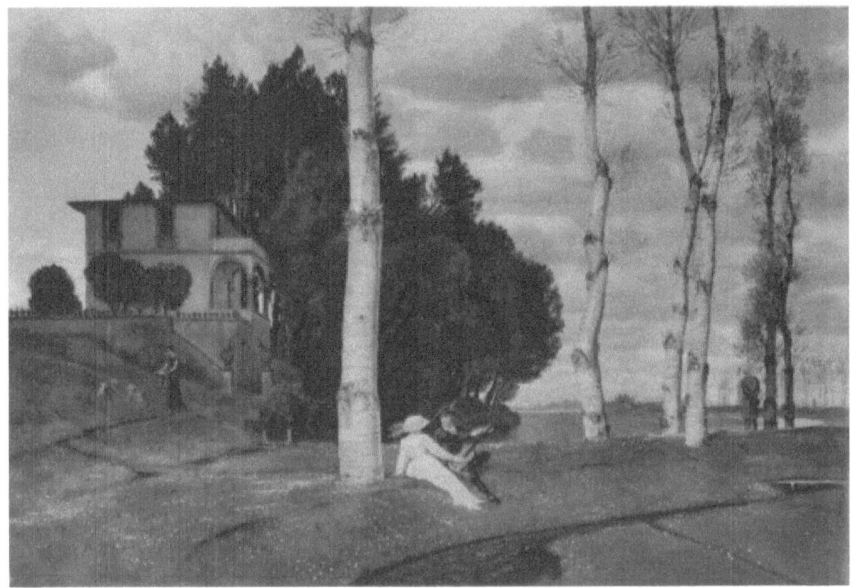

Tafel 70.
Frühlingstag (Die drei Lebensalter). 1883

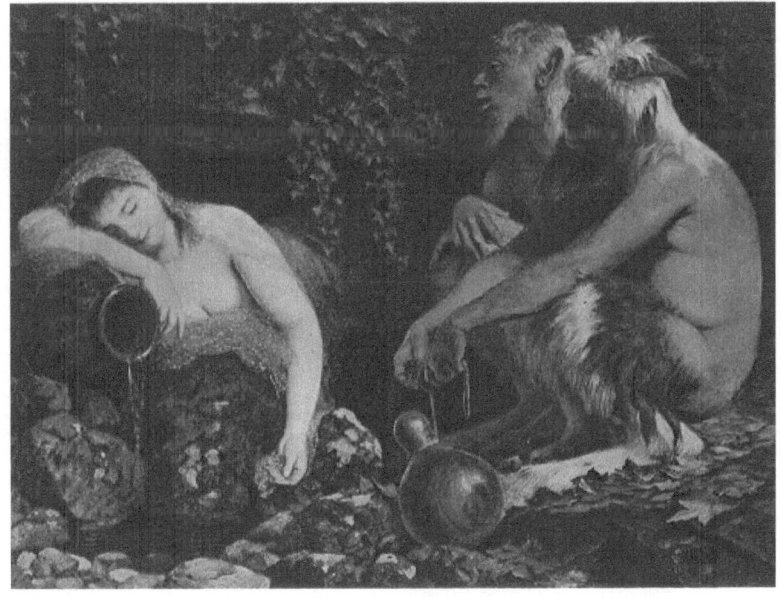

Tafel 73.
Faune, eine schlafende Nymphe belauschend. 1884

Also from Benediction Books ...
Wandering Between Two Worlds: Essays on Faith and Art
Anita Mathias
Benediction Books, 2007
152 pages
ISBN: 0955373700

Available from www.amazon.com, www.amazon.co.uk

In these wide-ranging lyrical essays, Anita Mathias writes, in lush, lovely prose, of her naughty Catholic childhood in Jamshedpur, India; her large, eccentric family in Mangalore, a sea-coast town converted by the Portuguese in the sixteenth century; her rebellion and atheism as a teenager in her Himalayan boarding school, run by German missionary nuns, St. Mary's Convent, Nainital; and her abrupt religious conversion after which she entered Mother Teresa's convent in Calcutta as a novice. Later rich, elegant essays explore the dualities of her life as a writer, mother, and Christian in the United States-- Domesticity and Art, Writing and Prayer, and the experience of being "an alien and stranger" as an immigrant in America, sensing the need for roots.

About the Author

Anita Mathias is the author of *Wandering Between Two Worlds: Essays on Faith and Art.* She has a B.A. and M.A. in English from Somerville College, Oxford University, and an M.A. in Creative Writing from the Ohio State University, USA. Anita won a National Endowment of the Arts fellowship in Creative Nonfiction in 1997. She lives in Oxford, England with her husband, Roy, and her daughters, Zoe and Irene.

Visit Anita's website
  http://www.anitamathias.com,
and Anita's blog
  http://theoxfordchristian.blogspot.com, (Dreaming Beneath the Spires)

The Church That Had Too Much
Anita Mathias
Benediction Books, 2010
52 pages
ISBN: 9781849026567

Available from www.amazon.com, www.amazon.co.uk

The Church That Had Too Much was very well-intentioned. She wanted to love God, she wanted to love people, but she was both hampered by her muchness and the abundance of her possessions, and beset by ambition, power struggles and snobbery. Read about the surprising way The Church That Had Too Much began to resolve her problems in this deceptively simple and enchanting fable.

About the Author

Anita Mathias is the author of *Wandering Between Two Worlds: Essays on Faith and Art*. She has a B.A. and M.A. in English from Somerville College, Oxford University, and an M.A. in Creative Writing from the Ohio State University, USA. Anita won a National Endowment of the Arts fellowship in Creative Nonfiction in 1997. She lives in Oxford, England with her husband, Roy, and her daughters, Zoe and Irene.

Visit Anita at http://www.anitamathias.com, and on http://theoxfordchristian.blogspot.com, her Christian blog; http://wanderingbetweentwoworlds.blogspot.com/, her personal blog, and http://thegoodbooksblog.blogspot.com, her literary and writing blog.

www.ingramcontent.com/pod-product-compliance
Lightning Source LLC
Chambersburg PA
CBHW031124180526
45160CB00001B/10